Enfin je maigris !

Ouvrage publié sous la direction de Laure Paoli

Dr Jean-Marc Benhaiem

Enfin je maigris !

Le déclic par l'autohypnose
40 exercices

Albin Michel

Du même auteur

L'Hypnose médicale,
Éditions Med-Line, 2003, ouvrage collectif.

L'Hypnose aujourd'hui,
Éditions In Press, 2005, ouvrage collectif.

Oubliez le tabac !,
Éditions Albin Michel, 2005.

L'hypnose qui soigne,
Éditions J. Lyon, 2006.

Oubliez le tabac !
en DVD, Sony BMG, 2007.

Sommaire

Mode d'emploi de ce livre   11

Introduction : l'hypnose, le remède adapté   15

1. La demande de soins   25

2. Présentation de l'hypnose   31

3. Le désordre : comment en est-on arrivé là ?   41

4. Pourquoi et comment le trouble alimentaire
   s'installe et devient chronique   65

5. Du rien de l'anorexie au tout de la boulimie,
   où est la mesure ?   75

6. Les traitements   80

Fiches d'exercices pratiques   111

Témoignages   259

Conclusion   269

À Odile.
À Annabel et Harry.

Mode d'emploi de ce livre

Trouver le **déclic**

Le sous-titre de ce livre dit que pour pouvoir maigrir, il faudrait trouver un **déclic**. Et que ce serait l'hypnose qui le produirait ou le favoriserait. Mais de quel déclic s'agit-il ? Tout est posé autour de vous. Vous savez ce qu'il faut manger et ce qu'il ne faut pas manger, vous savez les gestes qu'il vous faudrait faire et ceux à ne pas faire. Alors ? Qu'attendez-vous ? Un déclic ! « Un mécanisme soudain de déclenchement », dit le dictionnaire.

Un déclic pour quoi faire ? Pour passer à l'action ! Comment pourrait se produire ce déclic tant espéré ? Pour l'avoir si souvent observé, je peux vous confirmer qu'il est imprévisible. Mais aussi qu'il ne se produit que dans certaines conditions : le vouloir sincèrement ; être disponible ; s'impliquer vraiment en faisant quelques exercices qui sont comme une simulation avant de passer à l'action ; accepter de débuter par de petits changements et attendre patiemment que les effets se manifestent à leur rythme.

L'objectif de ce livre est de provoquer chez vous, lecteur ou lectrice, une envie, une force et surtout un plaisir de reprendre en main votre mode d'alimentation. Dans chaque chapitre, j'ai fait en sorte de placer des éléments qui, je le sais par expérience, pourront vous faire trouver ce déclic. Ne vous empressez pas de lire tout d'un coup comme on le ferait d'un roman. Cette lecture peut s'étaler sur plusieurs semaines ou plusieurs mois.

Un livre qui soigne

En ce début de XXIe siècle, les mérites thérapeutiques de la lecture sont reconnus par les professionnels de la santé. On parle même de « bibliothérapie ». Il se publie des livres de contes philosophiques, d'informations sur la santé et de réflexions – propositions sur l'art de vivre qui aident réellement les lecteurs à résoudre certains de leurs problèmes. Les effets produits par la lecture découlent de notre capacité à entrer dans un récit et à le vivre réellement. Le lecteur vit ainsi des expériences qui peuvent produire des changements décisifs pour son existence. Ce phénomène d'absorption dans la lecture a pour nom : hypnose.

Le travail de suggestion hypnotique commence dès les premières pages de ce livre. Il s'agit réellement d'hypnose progressive et naturelle. Il y a deux façons de lire un livre qui soigne. Une façon un peu distante et superficielle comme pour en avoir rapidement une vue d'ensemble, ce qui aura peu d'impact thérapeutique. Et une façon attentive où l'on entre dans la visualisation et l'imagination, ce qui déclenche le processus hypnotique propice aux changements.

Quel est votre objectif ?
Précisez votre demande

Prenez connaissance des premiers chapitres : ils présentent les différents problèmes que nous rencontrons avec l'alimentation, mais vus sous un angle thérapeutique. Ce livre est un livre qui soigne ; pour cela, il doit répondre à une souffrance et la soulager. Donc c'est à vous de poser précisément votre demande. Que souhaitez-vous : maigrir ? Moins manger ? Cesser d'engloutir ? Réduire l'obsession du sucré ? Mieux choisir vos aliments ?

L'hypnose, une méthode simple

Par l'approche que je vous propose, vous pourrez déjà observer les changements qui vont transformer votre comportement. Vous allez acquérir un savoir-faire qui vous ouvrira aux nombreux exercices pour guérir contenus au chapitre « Traitements » (p. 89).

Les traitements

C'est le cœur de ce livre. Vous y trouverez tous les exercices possibles. Ils sont nombreux pour pouvoir répondre à la diversité des personnalités et des situations. À vous de ressentir ceux qui vous conviennent. Lancez-vous ! Dès qu'un exercice vous fera réagir favorablement – par exemple vous constatez que vous avez moins faim ou moins d'obsessions –, inutile de lire les exercices suivants. Restez sur ces effets bénéfiques. Vous avez trouvé le **déclic**. Si un jour ces effets s'atténuent, c'est le moment de reprendre votre lecture.

Agir, même timidement, vous fera reprendre confiance et trouver du plaisir à manger plus sainement. Ce livre est un outil, il ne vous dispense pas de consulter un thérapeute si vous le jugez nécessaire. Selon les soins envisagés, il est fort possible que les exercices du livre facilitent le suivi des prescriptions médicales et diététiques que l'on vous aura données par ailleurs. Les solutions proposées ont été sélectionnées pour avoir été testées avec succès sur de nombreux patients et patientes. Puissent-elles répondre à votre attente et vous apporter le soulagement attendu.

Introduction
L'hypnose :
le remède adapté

Comment l'hypnose s'est imposée comme traitement des troubles du comportement alimentaire

En 1980, ayant repris la clientèle d'un confrère nutritionniste depuis deux ans, je cherchais à mon tour à répondre le mieux possible aux demandes d'amaigrissement. Je m'informe alors de la nature de l'hypnose et de ses possibilités. Je suis séduit par cette approche non médicamenteuse. Je lis quelques ouvrages sur l'hypnose dont *L'Hypnose*, du Dr Léon Chertok[1]. Je mets au point un protocole pour traiter l'obsession de manger, incluant des séances d'hypnose. Je le propose à deux patientes qui acceptent aussitôt. Il me semblait avoir atteint un objectif : modifier la sensation de vide et provoquer de

---

1. Le Dr Léon Chertok, psychiatre, ancien résistant, est né en 1911 en Biélorussie et décédé en 1991 à Paris. Il s'est intéressé de près à la psychanalyse puis, dès 1942, il s'est consacré à l'hypnose et à la psychosomatique. Il a été un des plus fidèles serviteurs de l'hypnose pour laquelle il a combattu toute sa vie, afin de la faire accepter par la communauté scientifique.

l'indifférence pour les aliments gras et sucrés. Ce protocole remportait un franc succès chez les patientes en surpoids.

Mais tout n'était pas résolu. Devant le nombre important de rechutes et d'abandons de traitement, il me fallait diversifier les actions thérapeutiques et leur assurer une stabilité dans le temps. Pour obtenir un vrai changement, les patientes (90 % des patients étaient des femmes) devaient trouver des réponses vraiment adaptées à leurs problèmes et ressentir du plaisir et de la facilité à les mettre en place.

En 1982, je complète ma formation à l'hypnose à Paris, dans l'école du Dr Léon Chertok. Je poursuis mes recherches sur la modification des comportements alimentaires. Très vite, il m'est apparu qu'il fallait recentrer les personnes sur leur corps et en particulier sur les sensations de leur œsophage et de leur estomac, par exemple en les comprimant, pour qu'elles ressentent à la fois la présence de ces organes et la satiété. J'ai conservé cet exercice qui rend de grands services dans certains cas. J'organisais des expositions de fruits et légumes pour inciter les patients à s'y intéresser. Puis des dégustations suivant les saisons (tomates, fraises, pastèques, melons, raisins secs, radis, pruneaux), en explorant les saveurs et les sensations de satiété. J'ai affiché aux murs des posters de paniers de primeurs et distribué des illustrations et des conseils alimentaires.

J'ai fait travailler mes patients sur la sensation de vide, puis sur la sensation d'écœurement, et sur la disparition d'une obsession. Souhaitant qu'ils soient libres et autonomes, je leur ai confié des exercices qu'ils pouvaient faire « à la maison ».

Pendant trente ans, mes patients m'ont confié leurs réactions. Ils m'ont décrit, critiqué et présenté ce qui les avait vraiment aidés. J'ai même interrogé des dames centenaires sur leur mode de vie et d'alimentation. Aujourd'hui encore, si l'occasion m'en est donnée, que ce soit entre amis ou avec des patients, je demande : « Comment faites-vous pour résister, pour ne pas peser vingt kilos de plus ? Quel procédé utilisez-vous pour ne pas craquer ? Ressentez-vous de la privation ou du soulagement ? »

Ce sont leurs témoignages qui sont ici rassemblés, preuve qu'il est possible de changer et surtout preuve qu'ils disposaient en eux-mêmes de ces possibilités d'autoguérison. La méthode détaillée dans ce livre a déclenché et accompagné leurs changements. Pourquoi proposer de lire un livre au lieu d'encourager à consulter un hypnothérapeute ? Parce que l'expérience montre que le déclic du changement apparaît bien souvent dans un dialogue avec soi-même ; le livre étant là pour proposer un nouveau cadre.

Une école d'hypnose : un lieu d'échange

En 1996, je décide d'ouvrir à Paris une école d'hyp-nose[1] destinée à former tous les collègues qui, comme moi, voulaient découvrir cette discipline. Elle est située à l'hôpital Ambroise-Paré (à Boulogne, dans les Hauts-de-Seine) auquel je suis rattaché. J'attendais de cette école la possibilité d'y convier des spécialistes de l'hypnose et d'écouter leur expérience. Après dix années de fonc-tionnement, je continue aujourd'hui encore à assister à presque tous les cours, certain d'y entendre chaque fois quelque chose de nouveau, ou que mon écoute sera différente. Les troubles du comportement alimentaire sont des pathologies si répandues qu'ils ont été abordés par de très nombreux thérapeutes au cours de ces dix dernières années. Ce qui a permis de confronter les expériences de chacun. Parmi les nombreux conféren-ciers, je dois donner une place particulière à François Roustang[2] qui continue à développer magnifiquement

---

1. L'AFEHM : l'Association française pour l'étude de l'hypnose médicale.

2. François Roustang : philosophe, écrivain et psychothérapeute découvre que l'hypnose n'a jamais cessé d'être présente dans les séances d'analyse et qu'elle est même à la source du changement. Il place l'hypnose au centre de sa réflexion et lui consacre plusieurs livres : Qu'est-ce que l'hypnose ?, Éditions de Minuit, La Fin de la plainte et Savoir attendre, Odile Jacob.

la nature et l'objectif de l'hypnose, et dont je reprendrai ici quelques idées essentielles.

En 2000, l'hypnose occupe plus que jamais ma vie. Je la trouve capable de répondre si bien à nos souffrances que je souhaite la diffuser davantage à tous les médecins. Je propose à l'université Paris-VI-Pitié-Salpêtrière la création d'un diplôme universitaire d'hypnose médicale. Avec le soutien et la confiance du Pr Pierre Coriat, cette initiative voit le jour. Désormais l'hypnose fait partie des disciplines reconnues par la Faculté de médecine. Ce diplôme nous permet d'inviter des conférenciers prestigieux spécialistes dans leur domaine, qui peuvent nous faire partager leurs savoirs et leurs recherches. Un collège d'enseignants se constitue, créant un véritable courant de pensée au sein de ce diplôme. La plupart d'entre eux ont participé à la rédaction d'ouvrages collectifs sur la pratique de l'hypnose[1].

Encouragé par cet essor qu'a pris l'hypnose, ce groupe de recherche réalise de nombreuses avancées. Plus particulièrement sont abordés la relation thérapeute-patient, le processus de l'hypnose, les protocoles de soins et le nouveau regard que pose l'hypnose sur la maladie. Ce livre est une émanation des cours donnés chaque année, de mon activité quotidienne avec les patients

---

1. *L'Hypnose médicale*, Med-Line, 2003. *L'Hypnose aujourd'hui*, In Press, 2005.

depuis une trentaine d'années, et le résultat de la confrontation constante des différents savoirs entre collègues.

Le surpoids, un mal intime, social et contagieux

Voici quelques chiffres éloquents : en France, en 2006, on comptait plus de cinq millions d'obèses et quinze millions de personnes en surpoids (soit 25 % de la population). Selon le dernier bulletin de santé des États-Unis, publié en 2006, les Américains boivent peu, fument peu, mais ne sont qu'un sur dix à faire du sport ; on compte dans ce pays cent soixante dix millions d'obèses ou de personnes en surpoids, soit 57 % d'obèses ou d'individus en surpoids. « Que la société est dure à notre égard qui met à notre disposition tant de produits toxiques ! me disait un patient désabusé mais lucide. Aliments sucrés, gras, alcoolisés, tabac… Je sais bien que ces produits me font du mal, mais je ne peux pas m'empêcher de les absorber. »

Cette propension à subir montre la difficulté qu'ont les hommes à résister au pouvoir économique de l'industrie alimentaire relayée par la société de consommation. Le geste de se remplir de nourriture, ou à l'inverse de s'en priver ou encore de se faire vomir, en réponse au stress, à l'ennui ou à nos peurs, a pu apparaître un temps comme thérapeutique. Rapidement, ces comportements ont dépassé et cruellement blessé les personnes qui y ont recouru.

Sortir de la rumination pour passer à l'action

L'hypnose apporte les solutions que ces gestes maladroits n'ont pas pu apporter. Tous les traitements impliquent l'action. « Seul l'acte définit l'existence. La pensée de l'existence n'est rien, seuls les actes la définissent », écrivait Sartre. En le paraphrasant, nous pouvons critiquer les discours suivants relatifs à des pensées : « Si je n'avais pas cette boulimie, ma vie serait plus belle », « Si je parvenais à perdre cet excès de poids, je reprendrais confiance en moi », « Si mon enfance s'était mieux passée, j'aurais pu exprimer mes qualités », etc. Ces affirmations relèvent d'une pensée déçue et l'humain ne peut pas se définir comme une pensée déçue, un espoir étouffé, une possibilité inexprimée. Seuls comptent les actes visibles de ce qui a été ou est accompli. La contemplation de la pensée en rumination immobilise l'individu, alors que l'acte passé ou présent crée le mouvement qui définit la vie.

L'être prend ses forces, son aspiration à vivre dans le regard posé sur ce qui a été agi, construit, et non sur des espoirs ou des déceptions. En retrouvant la sensation puis le mouvement, on sort de l'immobilité et de la plainte répétitive.

Le chapelet des reproches et autres récriminations que la personne s'inflige l'englue dans une triste ritournelle. L'évocation répétitive des problèmes à résoudre et l'auto-critique sont du domaine de la pensée pessimiste. La recherche appliquée, voire acharnée ou même insouciante d'un acte ou d'un lien bénéfique apparaît comme salutaire en tant qu'elle se construit et se définit dans la réalité. En retrouvant l'acte, l'individu retrouve un savoir. L'expression patente et visible de ce savoir change sa perception de lui-même et du monde dans lequel il évolue.

« Par instants, il me semble que parler des aliments devient trivial comme parler de la digestion, des excréments », me disait une patiente. Impression que seule la pensée est noble et élevée au détriment de la matière. Parler des aliments serait terre à terre, prosaïque, en comparaison avec une conversation sur la philosophie ou l'art. Il y aurait ainsi deux types de nourritures : celle du corps et celle de l'âme. Depuis que le dualisme cartésien a été battu en brèche, nous savons que tout ce qui entre dans le corps par les sens, par la bouche et la peau (images, air, aliments, odeurs) s'installe dans la totalité de l'individu. Alors, un aliment sucré ou gras, nocif pour le corps, l'est aussi pour la pensée qui est incluse dans le corps. Inversement, un aliment bénéfique « soigne » ou contribue au bon fonctionnement du corps et de la fonction intellectuelle.

Réparer le corps pour réparer l'esprit

Absorber des aliments mal adaptés à l'homme, tels que sucreries, alcool ou tabac, perturbe l'ensemble des fonctions vitales de l'organisme, y compris la façon de penser, de raisonner et d'agir. *A contrario*, se nourrir de fruits et de légumes chargés de vie « répare » le corps et améliore les fonctions cérébrales, y compris le raisonnement qui gagne en fluidité et en ouverture à l'image du corps qui s'allège et se défatigue.

L'introduction d'un livre a pour objectif de « mettre l'eau à la bouche » du lecteur en dévoilant quelques éléments essentiels qui seront développés plus avant et qui donnent déjà le ton général de l'ouvrage. L'un de ces éléments clés est la découverte de l'hypnose et des mécanismes de la suggestion. À la lumière de cette connaissance, l'ensemble des troubles du comportement alimentaire prend des tonalités originales qui ouvrent des voies vers la guérison.

Pour finir, je dirai que ce livre est une méthode, un compagnon de jeux pour changer de comportement. La « recette » en est simple : prendre plaisir à faire et à refaire les exercices adaptés à votre problème, et si possible créer vos propres exercices, sur la trame de ceux qui vous sont proposés plus loin.

I. La demande de soins

Différentes demandes

Maigrir est un des motifs principaux qui amènent à consulter. Autour de maigrir, il y a aussi l'obsession des aliments, l'obsession de se remplir et parfois l'impulsion de vomir. Pour la plupart des patients, soit 90 % de femmes, la demande tourne autour du désir de perdre du poids. Il y a une vraie souffrance à considérer son corps déformé ou à craindre qu'il ne le devienne. La personne ressent cela comme une perte de contrôle insupportable à vivre au quotidien.

Les personnes qui en souffrent ne supportent plus ces gestes qu'ils qualifient d'autodestructeurs, ces compulsions vers le sucré ou l'alcool qui se sont insidieusement installées comme des rituels obligés. Nombreux sont ceux qui décrivent leur obsession vers certains produits comme une addiction. Ils se sentent « drogués » au chocolat, aux gâteaux, au fromage et n'envisagent pas de passer une seule journée sans en consommer.

Ils se plaignent aussi de l'excès de temps passé à penser aux aliments. C'est le propre d'une obsession d'occuper trop de place dans la vie d'une personne, et pour les addictions alimentaires, nous voyons que l'esprit comme le corps sont envahis chroniquement par une accumulation d'images d'aliments nocifs et de cellules graisseuses sous la peau. La demande des patients est alors de libérer du temps pour penser à d'autres gestes plus profitables. Les personnes perçoivent le paradoxe qui consiste à délaisser famille ou carrière professionnelle et d'autres activités essentielles, au profit des rituels d'une alimentation déréglée.

Il existe une réelle ambivalence d'attitude et de pensée qui rend possible de rester attaché aux aliments toxiques et simultanément de trouver que cela est inacceptable. Lorsqu'elle repère cette ambivalence, la personne est poussée à consulter et à envisager de changer. Les dires des personnes qui présentent plusieurs fois par jour des crises de boulimie suivies de vomissements mettent bien en évidence ce trouble de l'utilisation du temps qui semble totalement réservé aux gestes compulsifs. Que de temps et d'énergie perdus dans le déroulement d'un rituel (gavage-vomir ou abus de laxatifs) qui était censé calmer, apaiser et qui se révèle encombrant, voire humiliant.

Les vomissements répétés entraînent aussi des troubles physiologiques divers : gastrites, carences vitaminiques, fatigues répétées. Autant de signaux d'alarme pour le patient. Reprendre du poids peut être le motif de consultation pour la personne anorexique. Mais la plupart du temps, l'alerte est donnée par la disparition des règles, les douleurs osseuses de la décalcification, l'extrême fatigue et la dépression qui l'accompagne.

Parfois, la demande consiste simplement à ne plus avoir à penser à des aliments sucrés ou gras. Avoir la force de surveiller son alimentation : une capacité qui existait et qui s'est perdue au fil des soucis de la vie ou des grossesses, par exemple.

Ainsi, recourir à l'hypnose serait un remède afin de gommer des obsessions pour le moins mal venues. Dans ce cas, l'hypnose est vue comme une gomme, un « effaceur psychique » sur un individu qui resterait passif. Or cet aspect « magique » de l'hypnose n'apparaît que sur un terrain favorable, c'est-à-dire chez une personne qui a déjà beaucoup agi pour guérir. L'implication personnelle est nécessaire. Les exercices présentés en deuxième partie vous guident pour passer à l'action.

Avoir un excès de poids est une réelle souffrance. Porter tous les jours, du matin au soir, dix à trente kilos de graisses sans bénéfice particulier, met en lumière un paradoxe essentiel : ce qui était perçu comme un bien-être est devenu, par la répétition, une accumulation puis une maladie. Il vous faut changer, certes, mais tranquillement. Ne cherchez pas la perfection. Trop d'exigence rend maladroit. Commencez par de petits changements qui vous sembleront accessibles et qui seront pour vous un réel progrès : ne plus ajouter de sucre dans votre café ou ne plus grignoter pendant la matinée ou changer de magasin d'alimentation, changer d'itinéraire, retrouver de l'indifférence face à ce qui était une obsession. De petits changements que vous aurez plaisir à remarquer.

Rédigez votre demande

Avant d'aller plus loin, je vous propose de prendre une feuille blanche et de créer trois colonnes.

• Une colonne pour tout ce qui ne va pas chez vous : « J'ai trop de poids », « Je mange mal », « Je mange trop sucré ou trop salé », « Je mange entre les repas », « Je mange à cause de la fatigue ou du stress ou de l'ennui », « Je dors mal parce que je mange trop », etc.

• Une colonne où vous écrivez tout ce que vous voudriez obtenir : « Je veux réduire mon appétit, penser moins au sucré », « Je veux maigrir », « Je veux passer plus de temps avec ma famille, mes amis », « Je ne veux plus être obsédée par la nourriture », « Je ne veux plus craquer quand je fais mes courses ou lorsque je passe devant une boulangerie », « Je veux être capable de refuser une seconde portion ou un dessert », etc.

• Une colonne pour tout ce qui va : « J'aime les fruits, les légumes, etc. ». N'hésitez pas à noter tout ce qui paraît aller de soi et qui doit pourtant s'inscrire dans le positif. Exemple, si c'est le cas : « Je ne me lève pas la nuit pour manger », « Je ne grignote pas entre les repas », « Je refuse d'arriver à cent kilos », « J'ai souvent consulté pour maigrir », « Je désire vraiment guérir », etc.

Vous aurez besoin de cette liste lorsque vous choisirez dans les exercices et les fiches du chapitre « Traitements » ceux qui vous conviennent le mieux.

2. Présentation de l'hypnose

Avez-vous déjà assisté à un spectacle d'hypnose au music-hall ? Ou à une démonstration à la télévision ? Vous aurez remarqué que l'hypnotiseur demande à une personne volontaire de fixer intensément soit son regard, soit un pendule en mouvement, soit la flamme d'une bougie. Cette personne devient bizarre, son visage perd toute expression ; elle semble être ailleurs. Elle ressemble à un automate, à une marionnette dans un état second, exécutant sans émotion les consignes de l'hypnotiseur.

Mettons en parallèle ces informations avec ce que décrivent les personnes obsédées par le geste d'avaler ou par l'achat de gâteaux, de confiseries : « Quand les crises d'ingestion me viennent, je ne suis pas moi-même. J'achète ou j'ingurgite sans pouvoir rien y faire. Je ne maîtrise rien. C'est plus fort que moi. C'est une impulsion qui m'envahit. Je sais que c'est nul, mais je le fais tout de même. » La ressemblance est troublante. On constate le même assujettissement à une volonté qui semble extérieure et la même focalisation de l'attention avec réduction du champ de perception.

Les étapes de l'hypnose

Dans l'hypnose, il y a deux phases. La *première* est l'induction. Il est demandé à la personne de regarder fixement un point jusqu'à l'obtention d'un flou visuel qui évolue vers une sensation de confusion plus générale. La confusion atteint alors le sens critique de la personne. Cet exercice ressemble à la stratégie d'une affiche publicitaire qui cherche à focaliser notre attention sur un slogan ou sur un produit. Si les images ou les mots nous atteignent, ils agissent en provoquant une mini-obsession qui réduit notre sens critique, nous faisant oublier, par exemple, nos consignes diététiques. Le but du publicitaire est atteint.

Mais dans l'hypnose utilisée pour soigner, la focalisation ne se fait pas sur un produit nocif et surtout on ne laisse pas la personne dans la confusion. Le soin se poursuit avec une *seconde* phase qui est une ouverture qui élargit le cadre, faisant « prendre du recul » et rétablissant le sens critique. Cette phase est appelée diversement phase d'ouverture ou veille généralisée (proposé par F. Roustang). Vous explorez cette phase et, grâce au recul qui est ainsi pris, vous entrevoyez vos problèmes différemment. Autant la première étape se caractérise par la confusion, l'absence du sens critique et l'immobilisation, autant la seconde phase apporte des solutions sans le secours de la volonté. Elle vous sort des limitations dues à la culture et à la raison. Elle montre l'extrême plasticité de notre cerveau. Cet état est présent en permanence et partiellement recouvert par l'intellectuel, la logique.

L'induction de l'hypnose permet d'éloigner les activités reposant sur la pensée, la connaissance, le raisonnement et le contrôle pour laisser apparaître « la vie ressentante », écrivait Hegel, ou encore « la vitalité naturelle qui ressent », ou l'intuition créatrice, dirait un artiste, la relation première qui nous ramène aux fondements mêmes de notre existence. Ce jeu est thérapeutique en lui-même.

L'hypnose est donc un fonctionnement naturel du cerveau qui est souvent utilisé et parfois dévoyé par des systèmes qui œuvrent pour leur propre intérêt.

À vous de jouer

Je vous propose de faire la même expérience. Ce n'est pas un jeu inutile. Si vous faites maintenant l'expérience de l'hypnose, alors la suite va devenir pour vous lumineuse et extrêmement passionnante.

EXERCICE
Durée : 2 minutes

• Cherchez un point que vous pourriez fixer : une petite marque sur cette page, ou une lettre, un groupe de lettres de ce livre.

• Une fois que vous l'avez trouvé, votre regard ne doit pas s'en détacher, vous devez éviter le balayage visuel.

• Après quelques instants, que ressentez-vous ? Voici les témoignages les plus fréquemment recueillis : « Ma vue se brouille. Il me devient difficile de décrire ce que je regarde », « Un flou apparaît autour du point », « Le point bouge », « Le point lui-même devient flou, change de couleur. » Et vous, que ressentez-vous ? Des troubles de la vision, de la fatigue, de l'agacement, une envie de rêverie ?

• Ensuite, déplacez votre regard sur toute la page, et la vue redevient nette, n'est-ce pas ?

Vous venez de faire l'expérience que la vision a besoin du mouvement pour fonctionner. Si vous regardez le point, puis le mur sur lequel est situé le point, puis de nouveau le point, alors la vue reste claire et précise. Mais si votre regard s'immobilise sans ce balayage, alors le flou apparaît. Il est donc impossible de voir un élément sans son contexte ou sans son support. L'immobilisation perturbe les sens et les rend inopérants. Et grâce à ce petit exercice, vous venez de vivre le mécanisme de l'obsession. C'est une fixation sans balayage. Le soulagement, les réponses sont dans la périphérie, donc dans le mouvement. La maladie est une immobilisation.

Et l'état de rêverie, de « flottement » que vous avez ressenti est la première étape de l'hypnose, le résultat d'une fixation prolongée. Le but est précisément de semer la confusion dans vos cinq sens pour que vous soyez réceptifs différemment, sans recourir à la raison ou à la logique qui limitent notre ouverture au monde. Pour vous soigner, il faut passer à la deuxième étape (voir leçon d'hypnose n° 1, p. 97.)

Un autre parallèle avec les troubles alimentaires

Lors de procédés autoritaires comme la publicité, l'éducation, les images télévisuelles, en particulier quand ils s'exercent sur des enfants qui sont, rappelons-le, particulièrement sensibles à la suggestion, la personne traverse des phases semblables à celles qui sont évoquées plus haut, mais dans un contexte d'autant plus impératif qu'il émane de l'entourage familial ou scolaire et de la part de personnes qui sont aimées, craintes ou respectées. Telle dame nous décrit comment sa grand-mère lui apportait des confiseries à la sortie des classes. Telle autre s'est habituée à la présence de beurre et de fromages à tous les repas de famille. La complexité provient de l'environnement favorable qui accompagne l'aliment « sucré » ou gras et donc le connote positivement. La personne est « sous influence », maladroitement orientée par son environnement qui l'a conduite à focaliser son attention sur une image ou un comportement inadéquats avec son bien-être.

Cet ancrage paradoxal décrit par lui-même le détail du travail de modification à effectuer par les personnes. Pour guérir, il leur a fallu accepter l'aspect affectueux du geste de la maman ou de la grand-mère, mais le détacher de l'aliment. Il n'y avait pas de malveillance, mais un simple manque d'informations de la part de la famille.

D'une façon moins brutale, mais tout aussi préjudiciable à la personne, il arrive que l'on soit fasciné, immobilisé sur une certitude, sur une conviction erronée sans le secours du sens critique. Par exemple, la croyance selon laquelle manger calme le stress. Cette pensée est fixée. Une réduction du champ de perception s'ensuit tout naturellement. Le champ alentour devient flou, ce qui signifie qu'il devient difficile de contester cette croyance qui s'ancre dans la personne. Plus on fixe un élément avec intensité, plus on est envahi par cet élément qui nous « accroche » et nécessite un exercice approprié pour s'en détacher. On décide de se soigner quand on ne supporte plus cette obsession-soumission à des produits toxiques ou à des rituels maladroits.

Vos questions sur l'hypnose

L'hypnose va-t-elle renforcer ma volonté ?

Non, l'hypnose n'agit pas sur la volonté. Les efforts de volonté ont tendance à créer du manque et de la frustration. Ils ne durent pas longtemps. Vous avez d'ailleurs souvent essayé sans succès. L'hypnose permet d'aborder vos problèmes d'une manière différente, pour rendre plus facile le détachement.

Je ne vais plus aimer le sucré ?

Le sucré est une saveur naturelle contenue dans les fruits en particulier. Le problème provient du glucose qui est incorporé dans des produits alimentaires pour les rendre savoureux. De cela vous pouvez être dégoûtée. Au départ, votre corps n'aime pas le sucré artificiel. Vous pouvez retrouver cette sensation de ne pas aimer la saveur sucrée artificielle.

Dort-on pendant l'hypnose ?

Non, ce sont les habitudes et la publicité qui vous endorment. Il s'agit plutôt de vous réveiller et d'imposer vos choix. L'hypnose aura pour but que vous restiez rebelle dans le domaine de l'alimentation et même toujours sur la défensive.

L'hypnose fait-elle maigrir ?

Non, l'hypnose est l'état dans lequel on se met pour modifier notre relation aux aliments et aux croyances qui les entourent. Si vous retrouvez la satiété et que vous vous lassez des aliments gras, sucrés, alors il est probable que votre corps commencera à s'alléger.

L'hypnose agit-elle sur l'inconscient ?

L'hypnose met en évidence les savoirs non conscients à l'origine des changements de comportement. Pour retrouver ces savoirs, il faut s'entraîner à quitter l'inconsistance de la pensée et à rester présent à la consistance du corps et donc à ses besoins. Ainsi, ce qui va vous guider sera moins la mode, la culture, la publicité ou votre éducation, que votre corps. Lui seul sait discerner ce qui le blesse de ce qui le protège, l'agréable du désagréable.

Je crois que je ne suis pas très influençable

Tout le monde est sensible à la suggestion. Vous avez même accepté très facilement l'idée que tel produit sucré vous fasse du bien alors qu'il vous fait du mal.

Je ne me laisse pas aller facilement

Il est normal que nous conservions un certain contrôle qui se traduit par une tension musculaire et une forte activité mentale. Avec un peu d'entraînement, ce contrôle se modifie et diminue. L'objectif n'est pas de le supprimer. Et de toute façon, vous avez déjà perdu le contrôle du comportement alimentaire ; vous l'aviez confié à d'autres qui vous ont mal guidée. Il vous faut donc le retrouver et le reprendre en main.

Mais je ne sais pas me détendre
Pour pratiquer l'hypnose, il n'est pas demandé de faire de la relaxation. Une position confortable est recherchée mais sans amollir le corps. L'hypnose se pratique pour chercher ses propres ressources et les mobiliser.

Comment l'hypnose se pratique-t-elle seule chez soi et quels sont les exercices à faire ?
Vous trouverez tout en détail dans le chapitre « Traitements » (leçons d'hypnose 1, 2, 3, p. 97).

3. Le désordre : comment en est-on arrivé là ?

Quand je demande à des personnes qui souffrent de surpoids : « Comment est votre comportement alimentaire ? », on me répond souvent : « C'est l'anarchie ! » Dans ce chapitre, j'ai repris toutes les remarques et témoignages des personnes qui souffrent de désordres alimentaires en les classant en deux groupes : ceux qui montrent l'influence de la famille et ceux qui décrivent l'action de la société et de la culture actuelle. La manière de s'alimenter dépend pour le nouveau-né, de la mère, du père ainsi que de l'environnement culturel, géographique et sociologique. Plus tard, dès la petite enfance, la société de consommation, via la publicité, les messages publicitaires télévisés, les affiches, va s'adresser directement à l'individu.

Il ne s'agit en aucun cas de régler des comptes avec vos parents et l'éducation qu'ils vous ont donnée. De même, la description des travers de la société de consommation ne vise pas à faire de vous des militants engagés contre l'industrie alimentaire. Simplement, une personne bien informée peut trouver des parades et améliorer ses systèmes de défense. Nous allons voir comment.

Les influences familiales

Dès les premières années de la vie, de multiples influences sont déjà en place. Le goût, les saveurs, les plats, les rituels, les quantités, la tolérance à la faim, la rapidité d'ingestion, pour n'en évoquer que quelques-unes, sont précocement inscrits dans la mémoire et les automatismes comportementaux. Le mécanisme de l'empreinte est opérant et provoque la création d'un attachement entre l'humain et tout ce à quoi il a été confronté jeune et à plusieurs reprises.

Les connaissances actuelles sur la plasticité cérébrale, mais également sur l'absence de plasticité, ont montré qu'il existe une période de l'enfance pendant laquelle l'imprégnation peut se faire ou ne plus pouvoir se faire. Il n'existe pas d'études sur le goût ou l'attirance au sucré, mais il est probable que la précocité d'exposition peut influencer définitivement une personne dans ses goûts alimentaires.

Les gestes et les aliments devenus familiers prennent une fonction rassurante pour l'individu qui y est exposé. Les aliments et leur mode d'ingestion sont reconnus comme partie intégrante de l'être et apaisent l'individu qui apprivoise ainsi l'espace où il se trouve. Cette fonction rappelle celle de l'objet transitionnel[1] qui permet de

---

1. Donald Winnicott, médecin, pédiatre et psychanalyste anglais,

familiariser l'enfant avec le monde environnant par la présence d'un objet ou d'une fonction établie précocement et assimilée. Désormais, tout ce qui est reconnu comme familier rassure, y compris des systèmes mal adaptés voire toxiques. Par exemple, l'habitude de finir un repas par un dessert sucré, de manger des glaces en été, de s'offrir des chocolats, autant d'habitudes sociales qui tiennent compte de la bonne intention mais pas de la réalité toxique des produits (comme nous le verrons p. 46).

La « iatrogénie verbale » ou le poids des mots

Notre cerveau est si malléable que l'impact des mots sur nous est considérable. À titre d'illustration et prenant le cas d'une autre pathologie, la lombalgie, le Dr Claude Hamonet, spécialiste de rééducation[2], explique la nuisance provoquée par des mots et des formules lancés à des patients souffrant de douleurs du dos. « C'est l'arthrose », « Le nerf est comprimé », « Becs de perroquet »

---

est à l'origine du concept d'objet transitionnel. Il s'agit d'un objet utilisé par un enfant âgé de 4 à 12 mois. Son rôle serait d'être une présence rassurante interposée entre le monde et l'individu. Dans certains cas, il pourrait représenter la mère. Tous les enfants n'y ont pas recours, et il est totalement absent dans certaines cultures non occidentales.

2. Article paru dans la revue *Douleurs*, 2001, 2, 1.

sur la radio, « Décalcification », « Lombarthrose dégéné-
rative », tout un discours plus ou moins imagé qui par-
vient au patient et installe un sentiment de dégradation
évoluée et irréversible du squelette. Le patient ignore que
ces lésions sont courantes et fort répandues à un certain
âge et n'impliquent aucunement l'apparition de douleurs. Mais les mots sont lâchés par une puissance docte
et leur contenu décourage ou désespère le patient de
guérir.

Dès notre enfance sont distillées de nombreuses
phrases qui ne manquent pas de laisser des traces dans
notre cerveau : « Il vaut mieux faire envie que pitié »,
« Mange, car tu ne sais pas qui te mangera », « Il faut
toujours finir son assiette. » Désignant un homme en surpoids qui se nourrit de trop de vin et de plats cuisinés
gras : « Cet homme est un bon vivant », alors que nous
devrions dire qu'il est « un mal vivant ». La formule « Il se
porte bien », désigne un homme qui se porte mal en fait.
« Il est fort » au lieu de dire « il est gros ». Se présenter
comme un épicurien lorsqu'on se sent trop porté sur le
vin, les aliments et le tabac. Cela a pour effet de justifier
un comportement pathologique mais de bien mal utiliser
le concept de plaisir de ce pauvre Épicure. Un beau bébé
était un gros bébé goulu et déjà gras comme un petit
bouddha, ce qui rassurait les mamans de l'après-guerre
mais inquiète les pédiatres d'aujourd'hui qui savent que
les cellules graisseuses prises dans le jeune âge restent

obstinément fixées au corps la vie durant. Le mot « bon-bon » contient deux fois le mot bon mais désigne une confiserie qui gâte les dents et fait grossir. Pour déconditionner les enfants, il faudrait le débaptiser et le remplacer par « mauvais-mauvais » ! Que de contresens ou de pudeur qui camouflent la vérité d'un corps qui souffre.

La façon de nourrir l'enfant

Il est reconnu que la relation que la famille entretient avec les aliments conditionne le comportement de l'enfant. En voici quelques exemples :

– prévoir de trop grandes quantités à chaque repas ;

– ou l'inverse : donner insuffisamment, dans un esprit de restriction ;

– punir en privant de dessert ;

– punir en donnant de la soupe de légumes ;

– inciter à se conformer aux goûts des parents, selon les cultures par exemple ;

– exprimer satisfaction ou colère suivant les réactions de l'enfant ;

– lier amour, affection, soulagement à la sensation de réplétion ;

– lier les aliments sucrés à l'idée de la récompense ou de la fête. Par exemple proposer des gâteaux ou des confiseries en cas de réussite ou pour un anniversaire ;

– donner des confiseries pour récompenser un bon

travail ou pour consoler d'une chute, d'une opération chirurgicale ou d'un chagrin ;

– se plier à des traditions familiales culinaires qui sont tournées vers l'alcool, les charcuteries ou les fritures, et ne rien vouloir remettre en question par fidélité à l'héritage et aux origines ;

– confier l'apprentissage du goût à la cantine scolaire ou aux fast-foods.

Les influences sociales

Le conditionnement : l'expérience du pigeon et du rat

Voyons cette expérience faite sur un pigeon. Juste avant de le nourrir avec ses graines habituelles, on éclaire un disque coloré placé dans sa cage. Très vite, dès que le disque sera allumé, il se mettra à le picorer sans attendre les graines. Il fait un lien et une confusion entre la nourriture et le disque éclairé. Mais quand le disque est éclairé une fois que les graines ont été distribuées plutôt qu'avant, le pigeon ne fait pas le lien entre graines et disque[1], et ne picore pas le disque. Ce qui semble être important est l'annonce de l'alimentation. La confusion se fait entre la promesse de l'aliment et l'aliment lui-même. Si bien que le pigeon picore

---

1. Expériences rapportées par Robert Dantzer dans *L'Illusion psychosomatique*, Odile Jacob, 2001.

l'« affiche publicitaire ». Nous voyons là toute l'importance de l'anticipation du désir qui conditionne sans discernement.

Dans une autre expérience de John Garcia (1974) faite sur des rats, il apparaît que si un rat, qui a été malade ou intoxiqué, ingurgite un aliment nouveau alors qu'il se sent déjà un peu mieux, il développe une préférence pour cet aliment à qui il attribue son mieux-être. Délicat d'extrapoler aux humains, mais on pense aux efforts pour consoler un enfant triste ou blessé en lui présentant des confiseries : une belle illustration de la confusion entre la sensation attendue de bien-être et une substance qui en devient porteuse.

L'empreinte sociale

La bonne chère, une nourriture riche sont des mots ambigus qui laissent entendre le contraire de la réalité. Lorsqu'une personne s'écrie : « J'aime la bonne chère » ou « J'aime ce qui est bon », ces formules désignent à coup sûr des produits gras, sucrés ou alcoolisés. Cela remet en question la notion d'art de vivre dans nos sociétés d'abondance. « Les personnes qui contrôlent leur alimentation sont tristes, alors que celles qui fument, qui boivent et mangent beaucoup sont de bonne humeur et de bonne compagnie » me disait une jeune femme qui souffrait d'un excès de poids. Pour accepter de manger sainement, elle devra modifier cette croyance, mettre de la joie et du plaisir dans les salades, les fruits et mettre de la tristesse dans les produits de synthèse.

L'acte ou le projet tant espéré de maigrir peuvent produire des effets contraires paradoxaux. Maigrir est souvent lié à s'affaiblir, à la maladie, à la privation et l'on pense aux cancéreux dont c'est un des signes de la maladie, aux prisonniers, aux déportés et à la pauvreté conduisant à la famine. Ces images de maigreur extrême infligée restent inscrites dans notre mémoire et sont à ce titre des freins possibles pour s'autoriser à maigrir. Une maman peut craindre que son enfant, en débutant un régime, ne tombe dans l'excès de l'anorexie.

À la vue d'une personne qui maigrit, l'entourage peut répondre de manière défavorable. « Tu as l'air fatigué », « Tu n'as pas bonne mine ». Quand Martine a perdu plus de trente kilos passant de 104 à 74 kilos, sa mère, qui par ailleurs est plutôt mince, s'en est alarmée en lui disant : « Maintenant cela suffit de maigrir ! » Tout changement, même favorable, n'est pas forcément bien accueilli par les amis ou la famille.

Un traitement bien conduit devra tenir compte du manque de solidarité de l'entourage. Les personnes qui adoptent une nouvelle façon de manger doivent être préparées à ne pas tenir compte des mots maladroits qui sont autant de tests évaluant la solidité de leur décision. Habituellement, dans le monde, on meurt surtout de carences alimentaires. Mourir de trop d'aliments, de surcharge pondérale, d'hypertension, de maladies métaboliques et cardiaques sont des situations nouvelles qui étaient l'apanage au siècle dernier de quelques rois obèses et goutteux. Mais en Occident, ce risque nouveau est devenu majeur et par ailleurs indécent face à la misère de certains pays. Cela explique que nous ne soyons guère armés pour faire face à ce problème que nos parents ne connaissaient pas et pour lequel nous n'étions pas préparés.

Le sucré est devenu sacré. Il est invité à toutes les fêtes, il est décliné sous toutes les formes. Il est toxique lorsqu'il provient de l'industrie mais reste intouchable. Qui sait jeter une boîte de chocolats ? Qui sait refuser une pâtisserie ? Un adolescent me racontait que dans son lycée, il y avait une vente de viennoiseries tous les matins à la pause de dix heures trente. L'argent récolté servait à de bonnes causes, comme le financement de sorties pédagogiques. Il y avait aussi un distributeur de confiseries qui a été retiré récemment. Le lien a été créé entre école, éducation, service public et alimentation à base de sucreries.

Ce passage en revue n'est pas fait pour se lamenter, mais pour perdre tout complexe et dire à haute voix ce qui doit être dit. Pour guérir, il faudra aborder et défaire les nœuds là où ils se trouvent. Le conditionnement se fait dans les lieux de plaisir comme le cinéma. Le lien s'établit

entre divertissements, réjouissances et barres chocola-
tées, glaces. L'état de fixité, caractéristique d'une personne face à un écran de télévision ou de cinéma, coupe
cette personne de son corps. L'estomac n'est plus ressenti et peut donc accepter de très grandes quantités
d'aliments (comme les cornets géants de pop-corn) sans
percevoir de satiété : les yeux et la pensée sont occupés
ailleurs.

Les paradoxes

Quand on propose à une personne de choisir entre deux
bonnes choses, la tentation est forte pour elle de
prendre les deux. La société, à travers les médias, nous
propose d'une part de nous aligner sur les canons
actuels de la beauté, à savoir la minceur, et d'autre part
multiplie les reportages et articles de presse sur le vin, les
produits du terroir, le chocolat, les restaurants à la mode
et les recettes et stages gastronomiques. Une des
réponses à ces deux propositions serait de tout accepter,
donc de manger puis de se faire vomir pour rester
mince : à système pervers, réponse perverse. L'autre
possibilité serait de tout refuser, donc de cesser de manger : l'anorexie comme défense et révolte.

La publicité

La publicité est également responsable pour une large
part du conditionnement négatif des consommateurs :
déferlement d'images mensongères, de slogans truqués

qui misent sur la saveur pour installer des réflexes conditionnés de type pavlovien. Exemple : les glaces. Les crèmes glacées, c'est magique, c'est original, le froid les tient en forme. La saveur sucrée est agréable et nul besoin de mastication. Toutefois, si le froid s'en va, la soupe sucrée devient écœurante. Le froid est un masque pervers : il cache l'excès de sucre et oblige à manger vite. Si bien qu'il devient possible d'en avaler de grandes quantités avant de réagir. Plus les bacs de glaces s'élargissent, plus la quantité ingérée en une fois augmente.

Voilà un exemple de conditionnement qu'il faut contester et refuser pour vous détacher du diktat de l'industrie et des traditions. Il en est de même pour le chocolat à Pâques, les vins à Noël, et l'achat systématique de gâteaux et biscuits pour les enfants toute l'année. Notre langue et ses papilles sont naturellement sensibles au sucré, pour pouvoir apprécier les fruits par exemple. La ruse de l'industrie consiste à mettre du sucre dans des produits sans intérêt nutritionnel pour les rendre attirants.

L'industrie nous présente les confiseries (par exemple) comme détenant de l'énergie, faciles à acheter et à mettre en bouche sans se salir. Certaines ont même des noms qui évoquent la pause, le plaisir ou la puissance. Il n'en faut pas plus pour les humains, et surtout les enfants, avides de croire à tout ce qui émane d'une autorité et qui se fient à la saveur pour inclure ou exclure. Notre fragilité provient de notre influençabilité. Elle est si prononcée et exploitée avec si peu de considération que l'on reste confondu devant ces possibilités immenses de nous faire tant de mal dans un climat de totale passivité.

La *junk food*

Le terme *junk food*[1] désigne des produits présumés alimentaires contenant des taux élevés de sel, de colorants, d'additifs, de graisses ou de sucres, mais en revanche des taux faibles de vitamines, d'eau, de sels minéraux et de fibres. La « ruse » consiste à les avoir rendus si peu chers, si présentables, si faciles à conserver et si pratiques à manger qu'ils ont séduit jeunes et moins jeunes. À cause de la prolifération des confiseries, des pizzerias, des sandwicheries et de la restauration rapide, les jeunes générations se détournent des fruits et des légumes qui constituent la base même de notre alimentation. Conscients de ce problème, les supermarchés et les restaurants proposent de plus en plus une restauration rapide à base de salades bien conditionnées à déguster sur place ou à emporter et qui rivalisent avec les hamburgers et les pizzas. Bien présentée, cette nouvelle restauration attire de plus en plus de clients.

---

1. De l'anglais *junk* : de mauvaise qualité.

Le rôle de l'industrie alimentaire

L'association des deux mots « industrie » et « alimentaire » devrait nous alerter. Ils ne vont pas bien ensemble. L'industrie compose des produits en combinant des substances extraites des vrais aliments. L'huile, le sucre, la farine, le beurre, le sel et d'autres produits chimiques sont extraits puis mélangés. Mais cet assemblage ne constitue pas un aliment. Il en a seulement l'apparence.

L'examen des produits fabriqués révèle que dans leur quasi-totalité, ils ne parviennent pas à égaler un fruit ou un légume : ils présentent une teneur trop forte en graisses, en sucres, en alcool et/ou en sel et ont une valeur nutritionnelle nulle. Pire, à long terme et à court terme, ils se révèlent toxiques sur le corps humain. Il y a confusion dans l'esprit du consommateur qui croyait avoir affaire à de vrais aliments quand on lui présentait ces produits.

La formule « industrie alimentaire » laisse croire qu'il est possible de fabriquer des aliments, ce qui est rarement le cas. Les pâtes, les pains aux céréales, les yaourts parviennent plus ou moins à les imiter. Seule l'industrie du surgelé nous aide lorsqu'elle utilise le froid pour maintenir en équilibre des aliments (poissons, potages, légumes) qui sans cela se dégraderaient rapidement. Cette croyance qu'il existe une industrie qui fabriquerait des aliments comestibles et sans danger pour notre corps pousse les consommateurs que nous sommes à les acheter. Une suggestion répétée d'innombrables fois et relayée par des affiches et des spots publicitaires peut s'installer si elle ne rencontre aucune résistance. Dès lors que la formule « industrie alimentaire » est acceptée, il devient simple et logique de se fournir en aliments dans les magasins de ladite industrie.

La rébellion consiste à analyser les produits fabriqués présentés comme aliments, à observer leur toxicité (sur notre pancréas, sur nos artères, etc.) et donc à n'accorder la dénomination « aliment » qu'à des substances adaptées à notre organisme. Seuls les fruits, légumes et quelques protéines animales ont droit à cette dénomination. Rappelons que la toxicité d'une substance ne se juge pas à l'effet mortel immédiat sur l'organisme, à l'image d'un champignon vénéneux qui terrasse instantanément le consommateur, mais plutôt à l'effet toxique cumulatif qui détériore progressivement le corps humain.

Le mot « aliment » devrait être protégé comme une marque déposée et attribué exclusivement à des produits assimilables et ayant un effet protecteur sur l'organisme, ce qui est le propre des fruits et légumes, par exemple, qui assurent le fonctionnement du corps, son renouvellement cellulaire et sa survie.

Comment l'industrie a rendu les aliments toxiques

De très nombreux scientifiques, diététiciens et nutritionnistes se prononcent sur la nourriture que les humains doivent ingérer au quotidien. Leurs conseils évoluent au gré de la production de l'industrie alimentaire et des découvertes scientifiques sur le métabolisme humain. Pour avoir quelques certitudes concernant notre alimentation, nous devons nous situer au-delà des modes et des influences actuelles émanant de l'environnement, de la famille ou de cultures spécifiques.

En nous plaçant dans un contexte plus large, il apparaît tout d'abord que l'être humain est le résultat d'une lente évolution qui l'a conduit progressivement à l'*Homo sapiens*. Cette évolution comprend aussi l'adaptation aux aliments présents sur terre, à savoir les produits de la terre et des arbres, ainsi que des produits de la chasse et de la pêche. Au cours des dizaines de milliers d'années d'existence, notre organisme s'est bien adapté à ces produits qu'il peut parfaitement digérer et assimiler. Génétiquement, physiologiquement, le corps humain possède les hormones, les glandes, les tissus, bref tout l'outillage du métabolisme pour vivre des produits trouvés sur terre. La composition chimique des produits naturels est compatible avec notre organisme.

Il n'en est pas de même de ces produits d'apparition récente, proposés par l'industrie alimentaire, que notre corps ne sait pas métaboliser correctement et qui malmènent les fonctions vitales. Leur composition chimique ne convient pas à nos tissus.

Des aliments morts ou dégradés

Le souci des industriels est de produire des denrées qui ne soient pas périssables. Le propre des aliments tels que fruits et légumes est leur fragilité et leur courte durée de vie. Tout ce qui est vivant sur terre présente les mêmes particularités : une durée de vie limitée avec naissance, croissance, éventuellement production de graines pour le renouvellement, et mort. Ce qui rend périssable un aliment est la présence d'eau. En retirant l'eau, l'aliment devient sec[1] et peut durer plus longtemps parce qu'en fait, il est mort. Il devient alors possible de le priver d'air dans un emballage clos, ce qui ne peut se faire pour les aliments « naturels » qui, en tant qu'éléments vivants, ont besoin de rester à l'air libre sinon ils pourrissent et moisissent vite. Le principe de conservation est d'extraire des produits purs tels que sucre, huile et graisse et de rejeter les autres ingrédients qui auraient rendu l'aliment non conservable.

---

1. Ce principe de fabrication se retrouve pour tous les biscuits, gâteaux secs et confiseries.

Il existe d'autres types de conservation qui respectent la composition chimique initiale des aliments sains : la conservation en bocal après pasteurisation – mais elle entraîne une perte importante de vitamines – et la congélation qui nous est d'une aide considérable et salutaire.

Un apport croissant de substances toxiques

Pour rendre plus imagé le raisonnement, revenons sur cette comparaison entre l'alimentation du corps humain et celle d'une automobile avec toutes les réserves qui s'imposent. Si l'on cesse de mettre du carburant dans une voiture, elle manque d'énergie et ne peut plus avancer. Si l'on cesse de mettre des aliments dans le corps humain, il manque d'énergie certes, mais en plus il se désagrège jusqu'à disparaître. Pour la voiture, le carburant sert à avancer. Pour les humains, manger sert à exister.

Le corps humain est en constante décomposition. Les cellules de tout le corps vivent puis meurent, telle une mosaïque vivante qui doit renouveler ses petits carreaux de faïence. Alors le corps attend que lui soient apportés les éléments de reconstruction cellulaire : les vitamines, l'eau, les sels minéraux, et d'autres particules vitales qui vont réparer la fragile mosaïque.

Au point que si nous examinons de près les tissus du corps, la peau par exemple, nous pouvons retrouver dans ses cellules les « morceaux » d'aliments que nous avons consommés précédemment : des morceaux de pomme, de carotte, de poisson directement intégrés à notre chair et qui la composent, à l'image des tableaux du peintre Arcimboldo, ces visages humains dont les joues sont des tomates, les sourcils des haricots verts, etc.

Mais le corps fait avec ce qu'on lui apporte. Quand on lui apporte du sucre pur, des graisses animales et d'autres toxines, il fabrique des cellules de mauvaise qualité qui composent un tissu devenu fragile, résistant mal à l'effort, aux infections et au vieillissement.

L'apparition et l'épidémie des maladies métaboliques actuelles dans les pays développés (cholestérolémie, pancréatites, calculs biliaires, diabète, hypertension arté-rielle avec leurs conséquences vasculaires et infectieuses) découlent directement de l'introduction dans l'alimenta-tion de substances qui ne sont pas adaptées à notre organisme, ou plutôt auxquelles notre organisme ne s'est pas adapté.

Les fruits, légumes, viandes [1], laitages sont les seuls aliments qui nous soient adaptés ; eux seuls sont dotés des propriétés vitales, à savoir : nous fournir l'énergie

---

1. La qualité même de la viande est compromise non seulement par les antibiotiques, les hormones administrées aux animaux, mais aussi par le stress important qu'ils subissent, par exemple l'élevage en batterie.

pour avancer, apporter les ingrédients du bon fonctionnement de notre « mécanique » et maintenir en vie les organes du corps humain. Au point que nous pouvons dire que lorsque ces aliments sont absorbés, ce sont des parcelles de vie qui entrent dans le corps et assurent son renouvellement permanent.

Ces aliments produits par la terre ou les arbres, ou bien issus de la pêche, sont structurés comme le corps humain. Ils ont une peau, une chair, de l'eau, des cellules, des sels minéraux, des vitamines ; ils sont faits comme nous, ils sont vivants. Lorsque nous les absorbons, la formule suivante prend tout son sens : « La vie incorpore la vie », pour rester en vie. Dans ses notes sur la nature, le philosophe Merleau-Ponty propose la phrase suivante : « La vie est une puissance d'inventer du vivant. » Cette matérialité artisanale qui assemble des éléments épars pour composer et entretenir un corps vivant, à l'image de l'élaboration d'une nouvelle perception créée pour faire face à un problème à résoudre.

C'est à ce titre-là que les aliments fabriqués (souvent par l'industrie alimentaire) ne peuvent remplir ce rôle, et qu'ils sont décrits comme toxiques pour l'organisme, qui ne peut pas les métaboliser correctement. Ils blessent les organes, détériorent les fonctions du corps et s'accumulent sous la peau, dans les artères, dans les muscles, le cœur, alourdissent et asphyxient le vivant. La blessure atteint également la pensée puisque le corps et l'esprit sont confondus.

Lorsque des aliments toxiques sont avalés de manière chronique et que la personne en est consciente, le corps est affecté ainsi que la façon de penser, ce qui se traduit par un manque de confiance en soi, voire une agressivité contre soi, résultant de la difficulté d'écarter des substances que l'on reconnaît comme nocives.

Cliniquement, les personnes obèses, par exemple, décrivent volontiers comment, loin de leur procurer un réel plaisir, l'ingestion répétitive de produits sucrés gâche leur corps et leur quotidien provoquant découragement et troubles de l'humeur. Qu'en est-il de ce plaisir éphémère qui semble ne toucher que la langue et les papilles gustatives ? Il s'agit très certainement d'un faux plaisir usant d'aliments toxiques qui nous séduisent par l'enrobage d'une saveur sucrée. L'industrie alimentaire est performante dans la mise au point de produits sans intérêt nutritionnel et qui doivent utiliser la tromperie en se cachant sous des appâts sucrés ou salés pour attirer le consommateur. J'appelle ce procédé la « dictature de la langue ». La langue, au travers de la saveur, décide à elle seule de ce qui est bon pour le corps. Si c'est bon pour elle, c'est bon pour le corps. Or l'organisme en totalité doit avoir son mot à dire. La démocratie serait de donner à tous les organes la possibilité de dire ce qu'ils veulent manger.

Les métaphores sont très utiles pour déclencher une modification de perception. Le changement de comportement ne peut apparaître que dans un contexte de recadrage. Le cadre ancien avait été imposé par d'autres que soi ; le progrès, la maturité pour un être consiste à définir, par lui-même, un nouveau cadre, en général plus large, universel.

Parmi les métaphores proposées pour ce recadrage : l'image du pot de fleurs, de la plante verte que nous avons parfois sur le rebord de la fenêtre ou dans le jardin. Question (saugrenue) : « Vous est-il déjà arrivé d'arroser vos plantes avec de l'huile ou du vin ? » Réponse : « Non évidemment ! C'est l'eau qui est adaptée pour ces plantes. L'idée de faire autrement ne m'a même pas traversé l'esprit. » Pourquoi ? Parce que tout le monde agit de même. Il est chose commune et admise que les plantes dépériraient si on leur apportait d'autres éléments que de l'eau, une bonne terre, quelques engrais.

Il en est de même pour le corps ; pour le nourrir, il lui faut des fruits et des légumes, quelques poissons, volailles et laitages, qui seuls sont adaptés. Exercez-vous jusqu'à ce que l'idée d'y mettre autre chose ne vous traverse jamais l'esprit. Vous pouvez y mettre autre chose, mais voyez la plante, elle dépérit, comme nous. Exercez-vous, mais rassurez-vous, vous n'y parviendrez jamais totalement parce qu'il n'y a pas de perfection en la matière. Ces exercices nous mettent sur le chemin, ce qui est déjà une réelle avancée vers un changement de comportement.

Une revue de presse

En septembre 2006, on annonce en France cinq nou-velles mesures contre l'obésité qui devient une priorité de santé publique. Le ministre de la Santé est soucieux d'éviter une « dérive à l'américaine ». Il s'alarme du fait qu'aujourd'hui, en France, « un enfant sur six est en surpoids, et même un sur quatre dans les milieux défa-vorisés ». Xavier Bertrand « a dévoilé son programme national Nutrition-Santé 2006-2010 » qui a pour objec-tif de « réduire de 20 % la prévalence du surpoids et de 25 % le nombre de Français qui ne mangent pas assez de fruits et légumes ».

Le Parisien ajoute que « des messages sanitaires [seront insérés] dans les publicités alimentaires », la pré-vention sera « renforcée pour les enfants », « des actions contre la stigmatisation des obèses » seront entreprises. Le journal évoque enfin la création d'un « groupe de travail sur l'image du corps », pour « lutter contre l'ano-rexie » et « contre les dangers d'une représentation trop idéaliste du corps », selon Xavier Bertrand.

Le Monde retient de son côté le « message sanitaire de prévention sur les publicités pour les aliments sucrés ». Le quotidien remarque qu'« il aura fallu plus de deux ans depuis le vote de la loi, et une longue concertation avec les industries alimentaires et les ministères de l'Économie et de l'Agriculture, pour voir aboutir cette mesure controversée lors des débats parlementaires ».

La Croix note que ce programme incite à manger « des fruits et légumes pour rester en bonne santé », tandis que *Libération* relève que « la prise en charge des obèses doit être sensiblement améliorée », indiquant notamment que le plan suggère « la création de réseaux de prise en charge et un effort très accru de formation des professionnels de santé ».

Et *Le Figaro* retient que « l'industrie alimentaire [est la] cible du plan Nutrition ». Le quotidien note : « Il s'agit désormais non plus seulement de responsabiliser les individus, […] mais aussi de faire pression sur l'industrie agroalimentaire et la restauration collective pour qu'elles améliorent la qualité nutritionnelle de leurs produits [1]. »

L'Allemagne adopte un plan d'urgence contre l'excès de poids. *La Croix* constate que « le gouvernement d'Angela Merkel déclare la guerre à la mauvaise graisse, la moitié des Allemands étant jugés trop gros ». Le journal indique ainsi que le gouvernement allemand a présenté un « plan d'urgence en cinq points qui devrait ramener d'ici 2020 le profil des Allemands à la norme ». Le quotidien relève notamment que « l'éducation figure parmi les mesures du plan d'urgence. L'alimentation

---

1. *Mediscoop* : revue de presse du jeudi 7 septembre 2006.

devrait être enseignée à l'école comme les maths ou la géographie. Les salades et les fruits seront privilégiés dans les cantines des crèches et des écoles, comme dans les repas servis dans les trains et les avions ». *La Croix* cite Horst Seehofer, ministre de l'Agriculture et de l'Alimentation, qui précise qu'« il s'agit d'inciter les consommateurs à se nourrir avec sagesse ».

Ces mesures signent le début d'une ère nouvelle. Il ne sera bientôt plus possible de présenter de façon mensongère des produits générateurs de troubles métaboliques. Mais cela serait la fin de l'industrie alimentaire telle que nous la connaissons. Il lui faudra alors s'adapter aux nouvelles exigences diététiques et concevoir de nouveaux produits conformes à notre organisme. En septembre 2007, en France, un député a même proposé de « taxer » les produits fabriqués et d'utiliser cet argent pour lutter contre l'obésité.

4. Pourquoi et comment le trouble alimentaire s'installe et devient chronique

La dissociation

Lorsque nous regardons de manière durable et répétitive un élément, tout ce qui se trouve à sa périphérie devient trouble et confus. Par exemple, si vous vivez une relation amoureuse passionnelle, vous perdez peu à peu votre sens critique et vous ne pouvez plus écouter les conseils de vos amis ou de votre famille. Vous êtes coupée du reste du monde. Vous êtes entrée « en obsession », anxieuse, nerveuse, triste, préoccupée. Votre corps ne va pas bien, mais vous ne pouvez l'entendre parce que vous en êtes dissociée.

Les personnes qui souffrent de boulimie ou d'anorexie rapportent des éléments constants dits de « dissociation » car un élément a été dissocié de l'ensemble des éléments. Leur attention est détournée, puis fixée obsessionnellement vers les aliments ou vers une souffrance, ou vers un rituel manger-vomir ou vers une image corporelle, selon les individus et selon leur humeur du moment. La fixation prolongée d'un de ces éléments empêche la perception d'autres éléments produisant une isolation sensorielle avec mono-idée ou obsession.

La dissociation est cette réduction du champ de perception caractéristique des pathologies qui voient la personne se couper de tout un champ de possibles pour s'absorber dans un geste ou dans une pensée répétitive. Cette dissociation pathologique atteint la totalité de la personne. Des fragments du corps et de la pensée sont ainsi réduits au silence. Certains de ces fragments sont facilement repérables. Lorsqu'une personne présente une obésité et continue de manger abondamment des aliments gras ou sucrés, nous devinons aisément qu'il existe une dissociation à plusieurs niveaux entre le corps qui souffre et le système perceptif qui ne reçoit pas l'information correctement.

Par exemple, le sens gustatif est découpé pour ressentir plus ou moins le sucré, le salé, l'écœurant, suivant les personnes, leur éducation et leurs besoins individuels. Autre exemple caractéristique : l'estomac quand il est non ressenti, comme anesthésié, ne peut empêcher un remplissage excessif allant parfois jusqu'au gavage. À l'inverse, une sensibilité accrue de cet organe et des plexus nerveux qui l'environnent donne une perception constante de satiété et donc une perte chronique de l'appétit. À chaque fonction ou organe éveillé ou endormi correspond un profil particulier.

Après que la ou les dissociations se sont installées, l'élément qui devient déterminant est la durée de cette installation. La personne trouve un équilibre avec ses nouveaux comportements alimentaires pathologiques. Cet équilibre qui, certes, n'est pas satisfaisant ne peut être remis en cause avant d'avoir déjà l'idée d'un autre équilibre qui paraît meilleur que le précédent. La possibilité de changement existe, mais le temps de le décider peut prendre de nombreuses années pendant lesquelles le corps souffre considérablement : obésité, hypertension, fatigue, dépression.

L'association pathologique

Notre journée de vingt-quatre heures est rythmée par des phases de veille et de sommeil. Au cours des phases de veille, nous traversons des moments plus ou moins longs de rêveries ou d'absences qui sont en fait de mini-transes hypnotiques. Une des hypothèses explicatives de ces absences serait la nécessité pour l'individu, au cours de la journée, d'effectuer des pauses d'attention dont le but serait de réduire le stress et l'anxiété en s'extrayant de son contexte et de son environnement direct. Après avoir fait une plongée intense dans une certaine activité, la personne se place en recul à l'aide de l'hypnose, ce qui lui donne une vue d'ensemble fort instructive et parfois apaisante.

Nous pensons que ces micro-transes hypnotiques seraient présentes dans les rituels alimentaires boulimiques, qui sont vécus dans un état second, aux dires des patientes qui recherchent par là un soulagement. Nous retrouvons une nouvelle fois la notion selon laquelle les gestes pathologiques ont été primitivement installés dans un but thérapeutique.

Le rituel d'absorption des aliments est un facilitateur de l'hypnose, un inducteur. Pour manger, nous nous coupons de notre travail ou de nos pensées soucieuses, par exemple. Pendant un court instant, nous nous focalisons sur une recherche de plaisir. Cela nous permet de fuir la réalité. Le soulagement produit par la transe hypnotique est attribué à l'aliment ingéré simultanément. L'attrait pour cet aliment augmente comme s'il était responsable du bien-être retrouvé. L'absolue nécessité de traverser des phases hypnotiques brèves est parasitée par des réflexes conditionnés établis dans les rituels d'alimentation. Les personnes souffrant de boulimie décrivent bien ces crises de gavage effectuées dans un état d'absence, hors du temps, hors de la raison et hors du corps, tandis qu'elles sont manipulées comme des marionnettes par une pensée unique envahissante et obsessive.

Pour guérir, il faut « tirer les leçons » de l'expérience vécue, observer le malentendu et attribuer la souffrance aux aliments toxiques au-delà des réflexes installés dans le passé, une sorte de déconditionnement d'un apprentissage erroné. Il faudrait tout simplement pouvoir faire ces mini-transes hypnotiques sans la compagnie des aliments. De nombreux mécanismes empêchent les humains de traiter efficacement les informations recueillies. Un des plus importants est la culpabilité : culpabilité d'avoir tant attendu avant de prendre conscience de ses problèmes et d'en avoir été victime si longtemps. Cette culpabilité paralyse et réduit les possibilités de guérison. Un des objectifs de ce livre est de vous présenter votre problème de telle façon que votre culpabilité puisse tomber, et ainsi de vous permettre d'agir.

Et le désordre alimentaire devient chronique

J'ai isolé cinq critères qui conditionnent l'apparition d'un trouble du comportement alimentaire :

1. L'apparition d'un élément traumatique : deuil, séparation, conflit familial ou affectif, accident, agression et tout autre événement qui est vécu comme « traumatisant » par la personne qui l'a subi. Cet élément n'est pas toujours facile à repérer lorsqu'il fait partie intégrante du quotidien de la personne. Par exemple, une jeune femme était amoureuse d'un garçon qui exigeait d'elle qu'elle soit la plus mince possible. Il surveillait son alimentation en permanence. Elle avait « perdu » une taille de vêtement alors que son poids initial était normal. Leur liaison n'a pas duré. Dès leur séparation, la jeune femme s'est mise à manger en excès. N'ayant plus son « surveillant-chef exigeant », elle a grossi de quinze kilos. Son ami lui avait créé une obsession qui au départ était la sienne à lui. Il avait été contaminé par la mode actuelle qui idéalise la minceur. La compagnie d'une femme mince le valorisait. Elle a ressenti une pression et une attente de perfection ; elle n'était pas aimée comme elle était. Elle avait perdu la tranquillité dans ce domaine.

2. L'exposition prolongée au comportement boulimique, auquel les personnes finissent par s'habituer. La variété puis la répétition des gestes et des rituels dessinent une personnalité à laquelle les personnes s'identifient. Un nouvel équilibre s'installe qui englobe le trouble en question.

3. L'existence d'une forte suggestibilité en rapport avec le trouble alimentaire permet l'absorption du trouble, son incorporation physique. Cette suggestibilité élevée est régulièrement retrouvée dans les études de personnalité effectuées dans les populations de jeunes filles anorexiques et/ou boulimiques. Pour dire les choses plus simplement : les comportements anorexiques, boulimiques ou même d'hyperphagie[1] et de vomissements volontaires sont des maladies en forte

---

1. Surconsommation d'aliments.

épidémie qui résultent de l'action simultanée d'influences de la publicité, de la mode, de l'imitation qui agissent comme une véritable contagion chez des personnes fragiles montrant des signes de forte influençabilité. Cette suggestibilité est maximale pendant l'enfance et l'adolescence, ce qui correspond à la frange de population la plus atteinte par ces troubles. Cette influençabilité est normale. La culpabilité n'a pas lieu d'être : il est normal d'être influençable pour pouvoir acquérir des connaissances, pour imiter et apprendre en regardant autour de soi.

4. La préexistence de sites récepteurs. En effet, si l'entourage familial ou amical a présenté des troubles semblables ou fait état d'une relation obsessionnelle particulière avec l'alimentation, l'enfant crée très prématurément des « sites récepteurs » sensibles à ces pathologies, qui pourront être réactivés plus tard.

5. L'obtention d'une « dissociation » qui segmente la personne en la coupant d'une partie de ses sens et de ses perceptions corporelles. Cette cécité au corps la soustrait à tout geste thérapeutique. Cette dissociation est simple à obtenir chez un individu : il suffit de fixer de manière prolongée ou répétitive un élément nocif (confiserie par exemple, ou la publicité qui s'y rapporte) et le rapport au corps s'en trouve altéré. La fixation prolongée obsessionnelle prive le corps du mouvement d'allées et venues de l'attention qui permet le recadrage, la vue d'ensemble, le recul critique.

Pour guérir d'un trouble ancien du comportement alimentaire

• Tout d'abord, il faut quitter la dissociation en ouvrant la perception de la totalité du corps. À cet effet, de nombreux exercices d'ouverture sur le corps vous seront proposés dans le chapitre « Traitements » (p. 89).

• Puis faire tomber la culpabilité.

• Faire une ou plusieurs expériences, la compréhension intellectuelle ne suffisant pas. La peur du changement ne peut s'annuler que devant une nouvelle expérience agréable produite par un exercice adapté à la personne.

Selon Milton Erickson [1], l'utilisation des ressources de l'individu permet d'échapper à des processus répétitifs destructeurs. Ne plus se soumettre à des suggestions punitives, perverses ou simplement fausses qui émanent de l'entourage ou de soi-même, voilà selon Pierre Janet [2] l'occasion d'approcher « le génie et la liberté ».

_____

1. Milton Hyland Erickson (1901-1980) est un psychiatre américain qui a révolutionné la pratique de l'hypnose. Auteur d'ouvrages qui servent de référence aux hypnothérapeutes actuels.

2. Pierre Janet (1859-1947), médecin et psychologue français, est

L'énoncé des critères d'installation de la maladie ne doit pas vous décourager. Il y a autant de possibilités de guérir que de tomber malade. Le registre des possibilités de trouver votre **déclic** et de guérir est infini. Nous allons en aborder une large partie.

---

une figure majeure de la psychologie clinique française du XIXᵉ siècle. Il pratiquait l'hypnose auprès de Charcot.

5. Du rien de l'anorexie au tout de la boulimie, où est la mesure ?

Si vous avez vécu une période d'anorexie dans votre adolescence, si vous redoutez de passer du tout au rien, si vous estimez que le moment est venu pour vous de trouver la mesure, ce chapitre est pour vous.

Anorexie, boulimie : même combat

Parmi l'ensemble des troubles du comportement alimentaire, l'anorexie semble occuper une place à part. L'inquiétude est forte autour de cette affection qui se révèle parfois mortelle. La gravité des symptômes est telle qu'il semble n'exister aucune parenté entre cette affection et la boulimie. Mais une analyse plus poussée montre qu'il s'agit de logiques similaires qui peuvent tourner au drame lorsqu'elles sont poussées à l'extrême. De nombreuses jeunes femmes ont cette expérience d'avoir guéri de l'anorexie, mais d'être entrées dans la « boulimie » ou d'alterner entre ces deux comportements.

Ainsi, il y aurait une proximité entre la personne qui se remplit à l'excès et la personne anorexique qui refuse de s'ouvrir. Nous savions déjà, par le dicton populaire, que les extrêmes se rejoignent et se ressemblent. Mais entre une personne qui se laisse envahir sans résistance, et une autre qui se ferme sans discernement, quels sont les points communs ? Ils sont nombreux :

• Toutes les deux sont coupées de leur corps et ne peuvent donc ressentir sa souffrance. Comment faisons-nous pour absorber des produits toxiques avec plaisir ? Il nous suffit d'oublier notre corps qui, lui, voudrait nous en éloigner. Comment faisons-nous pour ne rien manger ou si peu ? Il nous faut focaliser notre attention sur la perfection idéale d'un système de défense : ne pas manger et ainsi perdre de vue le corps qui réclame sa ration quotidienne pour rester en vie.

• Toutes les deux cherchent la tranquillité. Dans l'anorexie, en disant toujours oui ou toujours non, un soulagement se produit. Tout affrontement a disparu. Dans la boulimie, le moindre désir d'aliments est assouvi dès qu'il se présente et, à l'opposé, dans l'anorexie, l'absence de tout désir est reposante.

Pour les deux, la perte de la relation au corps a entraîné une absence de mesure. Or c'est le corps qui donne la mesure. Pour exemple, à chaque instant, nous suivons les sensations corporelles de chaleur ou de fraîcheur pour adapter notre tenue vestimentaire. Si le corps est trop gros ou trop maigre, c'est parce que la mesure a été confiée à la pensée et à des croyances qui sont des constructions mentales sans lien avec la réalité du corps.

Cette introduction montre que les exercices proposés dans ce livre sont également adaptés aux personnes souffrant d'anorexie. Le retour vers la perception du corps est décisif pour amorcer une guérison.

Vous pouvez retrouver ces notions en lisant les témoignages qui vont suivre. Les exercices d'hypnose se sont nourris de l'expérience de nombreuses jeunes femmes venues tenter l'hypnose. Nul ne sait vraiment quand, comment et grâce à quoi une personne sort enfin de l'anorexie. Mais ce qui est sûr, c'est que les exercices sous hypnose repris dans ce livre jalonnent leur chemin vers la guérison.

Le témoignage de Cynthia

Quand Cynthia s'est installée devant la caméra pour tout dire sur son anorexie, « sans aucun tabou », m'avait-elle précisé, je compris qu'elle était vraiment proche de la guérison. Je l'avais conviée à en parler et elle avait accepté d'être filmée, elle qui, quelques semaines auparavant, se détournait des regards angoissés de son entourage.

La chute

Cynthia est une jolie fille de 27 ans qui pesait 63 kilos et a atteint le fond, c'est-à-dire 36 kilos, en un an, soit une perte de 27 kilos : « Il y a un an, j'ai glissé insidieusement dans l'anorexie sans même m'en rendre compte. Je me suis enfermée là-dedans encouragée par le regard des autres qui me désapprouvaient. Là, j'ai eu la volonté d'aller jusqu'au bout pour être un jour obligée de réagir. Maintenant, avec le recul, je dirais que c'était un trouble de la perception du monde. Un monde dont je m'étais coupée. Coupée du corps, coupée de la sensation de faim sans l'avoir vraiment décidé. En mangeant moins, je me coupe de l'alimentation qui vient de l'extérieur. J'avais souvent du mal à respirer, j'étais oppressée, comme si j'avais aussi du mal à inhaler l'air venant de l'extérieur. J'étais coupée de tout ce qui venait du dehors. Je me suis vraiment rendu compte de mon état la première fois en regardant mon corps dans la porte vitrée de la salle de bains : là, j'ai vu la différence entre maigre et mince. Je connaissais mon poids, mais c'était abstrait. Tant que je n'avais pas de signes physiques, je ne m'inquiétais pas. Ce qui m'a réveillée, ce sont les douleurs qui sont apparues dans les jambes, l'image du corps vu en totalité dans la glace : en quinze jours, tout a changé...

Un jour, faute de pouvoir courir, je n'ai pas pu atteindre mon bus qui quittait la station et je ne supportais plus l'angoisse, les fois suivantes, de rater mon bus, de faire signe au chauffeur qui ne me voyait pas, et je me suis dit que ce n'était pas seulement le bus qui me passait sous le nez, mais la vie en général. Ce sont les choses les plus banales de la vie de tous les jours qui peuvent nous reconnecter, des détails symboliques, des éléments déclenchants. »

Les sensations corporelles

« J'avais comme un clapet dans l'arrière-gorge, un poids constant sur l'estomac qui semblait rempli en permanence, donc inutile de manger… Ces sensations sont tellement chroniques qu'on ne s'en rend pas compte… C'est quelque chose que je redécouvre maintenant, ne jamais, jamais entendre ses intestins fonctionner, aucun bruit dans le côlon… Certains moments l'idée de vomir effleure mais c'était plus grisant de maîtriser la nourriture… Pendant la phase d'anorexie, quand je voyais quelqu'un monter un escalier et moi aller plus vite que lui alors que je n'avais mangé qu'une tartine le matin, je me sentais supérieure, "surhomme".

La légèreté physique qu'on acquiert donne l'impression d'une légèreté où l'on s'envole au-dessus des autres, d'être moins terrestre dans une recherche d'ascétisme spirituel. La chair est une chose qui est souvent bannie, liée au mal, on devient un esprit pur dans une matière pure. L'arrêt des règles contribue à la sensation de devenir un être pur, asexué, comme un ange… Je me suis toujours sentie normale alors que je pesais 36 kilos. J'avais la sensation d'avoir juste perdu mon ventre rond. C'est grisant de se sentir différente des autres, avec de la légèreté, de l'hyperactivité, de la maîtrise du corps. Je n'ai jamais été aussi active que pendant cette période. »

La remontée

« Il y a un seuil critique où apparaissent des signes qu'on ne peut pas ne pas entendre, sinon c'est carrément le suicide… J'ai pris un cours de natation et l'extrême fatigue ressentie a accentué ma perception du corps… Cela demande du temps avant de savoir que c'est fini. Je suis allée voir un médecin, on parlait d'hospitalisation, d'antidépresseurs, puis la joie immense de retrouver la saveur de certains aliments, la vie normale suivie d'une période de découragement. Le carcan de l'anorexie qui revient. Dans ma tête je savais que c'était fini, même si je ne me goinfrais pas de gâteaux au chocolat trois fois par jour, je savais que c'était fini. Je porterais une trace en moi tout le temps. Quand je vois d'autres anorexiques dans la rue, me vient la peur de l'image que j'ai pu donner aux autres. »

Le pouvoir

« C'est une forme de chantage sur l'entourage, se sentir indispensable à leur vie, se sentir aimé, satisfaire tous ses caprices alimentaires. Au début il y a des regrets, une nostalgie de l'anorexie qui me paraissait dopante. Une certaine angoisse s'installe quand on quitte l'anorexie. L'anorexie me privait de manger mais s'accompagnait pour moi d'une boulimie de la vie, j'avais plein de projets. Manger m'avait pris un temps fou, en supprimant cette étape, j'étais plus libre d'agir par ailleurs. C'est ce qui fait qu'on peut facilement rechuter : de ne plus avoir de goût à rien, moins de projets. Tout en sachant très bien que c'est faux. Je savais toujours que tout était faux mais je ne pouvais pas l'entendre.

L'anorexie c'est une telle volonté de perfection, d'absolu, qu'on se dit qu'on ne peut pas s'arrêter en cours de route, il faut aller jusqu'au bout avant d'envisager une guérison. Ce n'est que nous-même qui pouvons mettre un terme à ce processus, par fierté ou amour-propre. C'est comme un enfant qui joue avec une allumette, il sait que c'est dangereux, mais il joue quand même. Mais parfois, on ne sait pas soi-même où l'on en est, on croit pouvoir tenir comme ça *ad vitam aeternam*. On se veut plus lucide et on voit qu'on est vraiment limite… Ce sont des choses simples qui m'ont ramenée à la vie. »

Les phases du processus anorexique s'enchaînent les unes après les autres dans un contexte de vie différent selon les patients. La pathologie s'installe durablement dès que l'ensemble des critères nécessaires à cette installation est constitué. Ces règles d'installation sont communes à toutes les pathologies devenues chroniques.

Anorexie et dissociation

Dans le syndrome anorexique, ces jeunes femmes sont coupées de leur corps qui se meurt et leur attention est fixée sur la pensée qui évolue naturellement vers le perfectionnisme. Cette dissociation fait qu'elles sont coupées de leur corps : elles ne se voient pas vivre, elles ne se voient pas mourir.

Les personnes qui consultent savent parfois que ce sont des gestes destructeurs, auto-agressifs voire suicidaires, mais ne peuvent s'en empêcher tant elles se trouvent immobilisées dans la soumission, dans la résignation. Leur univers s'est rétréci au point qu'elles ne peuvent plus envisager d'autres modes de fonctionnement.

La perte d'appétit doit être considérée comme un système de défense interposé entre les produits dits alimentaires et une personne qui désire s'en protéger. Lorsqu'il devient difficile de faire la part entre nocivité, rituel et saveurs, la réponse logique est donc de ne plus rien manger pour évacuer un problème trop complexe à résoudre. C'est la raison pour laquelle l'anorexie peut durer des années et conduire à la mort. La perte d'appétit apparaît comme la réponse la plus simple à appliquer chez des personnes éprises de perfection, d'idéalisme comme peuvent l'être les adolescentes.

Une autre réponse logique consiste à vomir les aliments toxiques plutôt que de les laisser s'accumuler dans le corps. Cette décision est également un système de défense par expulsion du poison. Être obsédées par les aliments, tenaillées par le rituel de vomir penchées sur la cuvette des toilettes, dissimuler leur honte, ne pas trouver de meilleur remède que vomir ou ne pas manger du tout… On mesure la souffrance et l'enfermement de ces jeunes filles.

Question : est-ce que vomir est le traitement de trop et mal manger ?

Réponse : Non, évidemment. Vomir permet de continuer à se remplir et à se vider plusieurs fois par jour. Vomir a l'apparence d'un remède qui purge le corps des poisons avalés. Mais le recours répété à ce remède l'a transformé paradoxalement en poison.

Manger trop et mal ou, à l'inverse, ne pas manger du tout, a une fonction initiale utile : servir un conflit familial, lutter contre un stress affectif ou professionnel. Ne pas manger permet de « laver » le corps d'une charge graisseuse inutile, de répondre à un souci de purification du corps, à un désir de perfection, de favoriser la pensée qui élève au détriment du corps matériel et « impur ». Mais si le procédé perdure, il tourne au désastre, jusqu'à l'épuisement total. Reconnaître ce comportement répétitif permet parfois de le supprimer. Les efforts entrepris pour maîtriser le poids ou le geste de se nourrir peuvent conduire à une exigence logique, mais extrême.

L'image du corps

Il est fréquent que la jeune fille anorexique souffre d'un trouble de la perception. Elle se voit « grosse » et tonique quand son entourage la voit maigre et affaiblie. Comment pouvons-nous regarder la même chose, le même corps et en recueillir des caractéristiques si différentes ? Antonio Damasio l'explique bien dans son ouvrage *Spinoza avait raison*[1]. L'image qui se forme sur la rétine est ensuite transmise au reste du cerveau qui la remanie selon nos expériences passées, nos acquis culturels, une série de filtres qui modifient l'image initiale. Il s'agit bien du même corps qui est regardé, mais avant d'arriver au cortex visuel, l'image traverse des zones cérébrales qui modulent l'image pratiquement à l'infini. Il devient possible de voir gros ce qui est maigre pour la personne anorexique. L'inverse est également possible : ne pas voir le corps obèse ou le voir presque normal et continuer à le remplir.

---

1. Odile Jacob, 2003. Antonio R. Damasio, neurologue américain, est le directeur de l'Institut pour l'étude neurologique de l'émotion et de la créativité de l'université de la Californie du Sud.

Ce trouble de la perception atteint également d'autres fonctions complémentaires. En effet, une personne qui ne se sent pas maigre n'attribuera pas sa fatigabilité à la maigreur mais plutôt au surmenage ou à l'anxiété. Dans le cas de l'obésité, la façon pénible de marcher, de respirer, de transpirer est atténuée au point parfois de nier le handicap qui reste apparent pour l'entourage.

Pour le traitement, la tentation est forte et parfois maladroite de vouloir confronter les images visuelles et de « faire entendre raison » à l'autre en lui faisant accepter d'autres perceptions qui semblent plus proches de la réalité. Mais qui détient la réalité ? Dans l'anorexie, la personne fixe le désir de perfection, l'exigence, et ne discerne plus l'objectif essentiel, qui est de vivre. Vivre s'accompagne parfois d'une telle exigence et d'un tel désir de perfection que le but à atteindre devient confus au profit de ce désir obsédant et au détriment des fonctions vitales.

À un extrême, il y a le comportement anorexique qui incite à un contrôle parfait du poids et de l'alimentation au point de ne plus manger ; à l'autre se trouve le comportement boulimique qui renonce à tout contrôle et demande à se laisser envahir par les aliments et les sensations qu'ils produisent. Il est fréquent d'observer un passage d'un extrême à l'autre : de trop de contrôle à pas assez de contrôle ou de pas de sensations à trop de sensations. Seul un mixage de ces deux comportements permet l'obtention d'un bien-être. Les deux extrêmes mènent pareillement à la destruction du corps par surcharge ou par privation.

« Au XIXe siècle, avant d'en connaître la cause bactériologique, nombreux étaient ceux qui désiraient attraper la tuberculose pour avoir cet air de langueur alors tellement à la mode qui rendait intéressant et séduisant » (Robert Dantzer, *L'Illusion psychosomatique*). De nos jours, l'anorexie pour de nombreuses jeunes filles a remplacé la tuberculose. Le corps diaphane est figé dans une esthétique pure et romantique dont l'aboutissement absolu est la mort.

Le cas de Julie

Julie accepte de décrire comment elle a guéri de son anorexie. « J'étais malade depuis deux ans. Je voyais un psychologue régulièrement, mon médecin traitant et un autre médecin à l'hôpital qui voulait me garder pour me faire regrossir. Je pesais 34 kilos. J'étais affreusement maigre mais je me voyais grosse. » C'est sa mère qui a eu l'idée de recourir à l'hypnose. Après avoir pris la précaution de vérifier que l'hypnose est une discipline sérieuse employée par des médecins et des psychologues, elle prend un rendez-vous pour sa fille. Mais le psychologue qui suivait Julie par ailleurs lui déconseilla l'hypnose, aussi annula-t-elle le rendez-vous. Puis elle se ravisa et me téléphona à nouveau pour venir tout de même :

« J'étais demandeuse, dit Julie, personne ne m'a poussée. Je tournais en rond, j'avais tout essayé. À la première séance, j'étais un peu tendue, je tentais de résister. J'étais à moitié en éveil. La psychiatre hypnothérapeute a fait défiler tout ce que j'aime et que je ne pouvais plus faire. Elle a évoqué la force, l'élan. Tout de suite, je me suis sentie bien avec elle. C'était la seule personne qui ne me causait pas de stress car elle ne me posait pas de questions. Tout ce qu'elle disait était plein d'espoir. Deux jours après la première séance d'hypnose je me suis vue comme j'étais. J'ai dit : Bon, j'arrête, j'en ai marre. Alors j'ai décidé de remanger. J'ai mangé des légumes, des fruits. Après la deuxième séance, j'ai réintroduit les pâtes, le pain, les pommes de terre. Je me disais : Je n'ai pas le choix, il faut regrossir. »

La psychiatre hypnothérapeute complète : « Julie me disait qu'elle faisait du judo et de la flûte traversière, alors je lui ai parlé de force, de beauté et de mouvements. Un jour Julie m'a montré ses jambes, fière des muscles qui revenaient. Je lui ai dit en riant que c'était encore des cuisses de grenouille. »

Julie : « Pendant les séances je joue le jeu, c'est un rêve, j'imagine, je n'entends pas qu'on me parle mais je vois les images. Je n'ai aucun souvenir après la séance. C'est un état très agréable. J'ai guéri progressivement, grâce à un ensemble d'éléments. J'ai eu peur d'être hospitalisée. J'étais suivie et mise en garde par plusieurs thérapeutes. Je tournais en rond. L'hypnose a été le déclic. J'ai fait six séances sur six mois et j'ai repris 10 kilos. À 44 kilos je me sens bien. Je vais entrer en première au lycée. »

Pour Julie, l'hypnose semble avoir permis de rassembler tous les éléments épars. Il s'est ensuivi une vision différente. À 34 kilos, Julie se voyait grosse. Après sa séance elle s'est vue maigre et décharnée. Cette action de l'hypnose n'est pas automatique. Elle s'est produite car Julie était prête à guérir. Elle attendait une rencontre et une approche thérapeutique qui pourraient la guider. S'en remettre à quelqu'un qui ferait le passeur. D'après sa psychiatre : « Elle avait besoin d'un rituel de passage de l'enfance à l'âge adulte. Accepter de devenir une femme jolie et désirable. Cette mise en scène n'est pas sans évoquer les transes chamaniques où une personne qui souffre accepte de jouer tous les rôles qu'on veut (jouer à l'adulte par exemple) pourvu que cela lui permette de sortir de son isolement, de réintégrer le groupe des bien portants. »

6. Les traitements

Les chapitres qui suivent vont vous mettre en contact avec vos possibilités de guérir. À vrai dire, ce n'est pas vous qui décidez, ni moi, c'est votre corps et votre tête qui permettront ou non votre amaigrissement. Si le discours et les exercices leur conviennent, votre comportement changera et la perte de poids se fera naturellement.

L'acte thérapeutique apparaît comme une création nouvelle où l'on oublie les réflexes du passé. Les voies thérapeutiques sont nombreuses, aussi nombreuses que les humains sont nombreux et différents dans leur parcours de vie. Mais la multitude des possibilités de guérir provient aussi de l'immense variété des ressources de chacun. Toutefois, il est possible de dégager quelques lignes générales de ces abords thérapeutiques qui constituent une amorce dans le déclenchement d'un vrai changement.

Rappel aux lecteurs

Au préalable, vous devez avoir lu les premiers chapitres de cet ouvrage. L'attention nécessaire à la compréhension d'un texte induit elle-même l'état d'hypnose. Nous nous focalisons sur une phrase, une équation, une image proposée, et notre corps se met dans un état second où nous sommes absorbés par la lecture. Nous nous absentons de l'instant présent pour nous mettre hors du temps. Ce retrait s'accompagne d'une utilisation plus large de nos possibilités de réflexion, de compréhension et de critique.

Nous faisons régulièrement des allers-retours entre l'attention restreinte du quotidien et une attention large et instinctive. Cette ouverture est l'exercice ultime, la phase magique qui met à l'épreuve notre plasticité cérébrale. Reconsidérer vos liens avec certains aliments, remettre en cause les croyances du passé et faire l'expérience du changement sont les éléments clés de cette étape qui utilise vos ressources.

Pendant votre lecture, au fur et à mesure des paragraphes, je vous proposerai des exercices d'hypnose à pratiquer. Le but n'est pas de vous convaincre de telle ou telle théorie, mais plutôt d'atteindre un objectif que vous vous êtes fixé et qui peut améliorer votre vie quotidienne. L'hypnose est le seul moyen que nous connaissions pour faire l'expérience corporelle d'un changement, en éprouver la possibilité et l'opportunité.

Concernant l'alimentation, ne cherchez pas la perfection. Malgré tous vos efforts, vous ne l'atteindrez pas. Contentez-vous de manger de mieux en mieux. Si vous faites des écarts, ne vous angoissez pas et corrigez-les le plus tôt possible. « Il y a des cas où l'honneur est inattendu et des cas où l'humiliation résulte d'un effort de perfection[1]. »

En préambule, il faut nous mettre d'accord sur les aliments à ingérer.

Que faut-il manger ?

Pour vivre, les humains doivent accomplir un certain nombre de gestes tels que : dormir, aimer, respirer, boire, manger. Puisque manger nous maintient en vie, que faut-il réellement absorber pour vivre, et vivre bien ?

« Toute entité vivante métabolise la matière » : c'est ainsi que Hans Jonas[2] caractérise le vivant : le seul à posséder un métabolisme. Et Dominique Lestel, éthologue[3], ajoute : « Une particularité des organismes est donc d'être leur propre ouvrage. » Contrairement à la machine qui utilise de la matière pour fonctionner mais qui existe même sans fonctionner, l'être vivant est constitué de ce qu'il absorbe et est obligé d'absorber pour se maintenir simplement en vie.

---

1. Confucius, *Les Quatre Livres*, livre IV.
2. Philosophe allemand (Mönchengladbach 1903, New York 1993). Auteur de cette maxime : « L'homme est le seul être connu de nous qui puisse avoir une responsabilité. » Cette phrase met en lumière l'écart qui existe entre la passivité et l'action. L'exercice de la lucidité nous rend responsables de nos actes et nous permet de les orienter.
3. L'éthologie étudie le comportement des animaux.

La station-service ou comment se ravitailler

Prenons un exemple un peu trivial, mais qui illustre bien ce principe. Cet exemple simple a déjà permis à de nombreuses personnes de prendre la décision ferme et immédiate de cesser d'acheter et de manger n'importe quoi :

Vous est-il déjà arrivé de vous tromper de carburant lorsque vous allez à la station-service ? Si oui, combien de fois cela vous est-il arrivé ? Je connais bien évidemment la réponse :

– cela ne vous est jamais arrivé ; c'est la très grande majorité des cas ;

– cela ne vous est arrivé qu'une ou deux fois dans toute une vie, et depuis, vous redoublez de vigilance.

Je vous pose maintenant la seconde question : pourquoi dans ce domaine précis sommes-nous si infaillibles ? Les réponses sont nombreuses et méritent d'être examinées :

– les couleurs des pompes à essence sont différentes ;

– la taille des orifices de réservoirs est variable et spécifique ;

– les conséquences sur le moteur sont graves et immédiates ;

– les inscriptions sur les pompes sont claires avec des chiffres bien lisibles ;

– tout le monde y est attentif, donc moi aussi ;

– un haut-parleur me prévient de mon choix quand je décroche le tuyau ;

– si je me trompais, je serais la risée de mon entourage ;

– la réparation coûte trop cher ;

– il n'y a pas un choix pléthorique ; de plus, c'est un acte qui conserve un caractère « exceptionnel », même s'il est quotidien, d'où l'attention que chacun y porte ;

– etc.

Il existe un nombre important de suggestions visuelles, auditives, externes et internes qui vont dans le même sens : prévenir l'automobiliste de ne pas commettre une erreur dans le choix du carburant. La totalité de l'environnement social, commercial, amical, familial partage le même point de vue : ne pas se tromper de carburant. Et la pression est si forte et l'avertissement si impératif qu'il est effectivement très rare qu'une personne fasse une erreur dans ce domaine.

Alors que je présentais cet exercice à un groupe de patientes, une dame m'interrompt et ajoute qu'effectivement tout est bien organisé pour éviter des erreurs de carburant, mais que sitôt arrivée à la caisse pour payer son essence, elle s'était trouvée face à un étalage incroyablement fourni en confiseries !

Examinons maintenant ce qui a trait à l'alimentation. Pourquoi sommes-nous si infaillibles pour alimenter le moteur en carburant et si peu attentifs à ce que nous mettons dans notre corps ? À cela plusieurs raisons :

– quand nous mangeons des produits sucrés, par

exemple, peu de personnes réagissent en nous alertant sur le danger qu'ils représentent ;

– la vente d'aliments toxiques est libre. Ces aliments qui provoquent des maladies graves : hypertension artérielle, cancer du côlon, pancréatite, hypercholestérolémie, obésité ;

– aucun avertissement de santé n'est inscrit sur les emballages. Il pourrait y avoir par exemple : « Inadapté au corps humain, tout abus est nocif pour votre santé » comme c'est le cas pour l'alcool et le tabac[1] ;

– quand je mange des produits fabriqués, je m'empoisonne mais je ne meurs pas sur-le-champ ;

– mes vêtements me cachent l'excédent de graisse que je porte.

La situation est ambiguë et contradictoire. Cette problématique, l'absence de suggestions concordantes, l'opposition des influences favorables-défavorables immobilisent l'individu qui reste dans l'indécision et remet à plus tard la délibération sur ce thème. Si, comme dans une station-service, la ville était organisée avec tous ses habitants et toutes ses structures pour mettre à l'abri les humains de l'erreur d'avaler des produits gras ou sucrés ou alcoolisés, le problème de l'obé-

---

1. Très récemment, sont apparues sur certains emballages des formules incitant à modérer la consommation de produits sucrés ou gras.

sité et de ses conséquences serait réglé en quelques années.

Nous pouvons conclure que la société actuelle prend plus soin de nos automobiles que de nos corps. Le bon fonctionnement d'un moteur compte plus que le bon état de notre corps. Que peut-on penser du mépris dans lequel nous sommes tenus quand il est mis si facilement à notre disposition des produits toxiques, avec tant d'encouragements à en consommer ? Il pourrait être créé un comité scientifique qui jugerait de la toxicité éventuelle des aliments mis en magasin et déciderait d'interdire à la vente ou de retirer du marché tout produit ne satisfaisant pas aux normes d'adaptation au corps humain – (mais je rêve bien sûr !). Quoique, en 2003[1], des industriels et des publicitaires réunis ont adopté un code de conduite comprenant cinq règles essentielles :

– ne pas inciter les enfants à une consommation excessive d'aliments ;

– ne pas inciter les enfants à s'alimenter inconsidérément tout au long de la journée (les produits de grignotage ne doivent en aucun cas être présentés comme des substituts de repas) ;

– ne pas dévaloriser l'image des parents et minimiser leur autorité ;

---

1. *Le Quotidien du médecin*, 13 novembre 2003, p. 11.

– ne pas se tromper sur les équivalences nutritionnelles, par exemple mettre en équivalence les qualités nutrition-nelles d'un yaourt et celles d'un steak ;

– ne pas suggérer que la seule consommation d'un pro-duit induit une performance optimale ou la réussite dans une activité.

Comment vous hypnotiser vous-même ?

« Celui qui veut réaliser son rêve doit être essentiellement éveillé[1] », et c'est le propre de l'hypnose de nous tenir éveillés. Vous avez des problèmes avec l'alimentation ? Vous aimez et vous mangez des produits qui vous font du mal ? Votre corps souffre d'empoisonnement ? Vous savez tout cela, mais impossible de changer. Vous êtes dans un labyrinthe. Vous tournez en rond depuis des années. Pour sortir de ce labyrinthe, je vous propose de prendre de l'altitude. Vu d'en haut, le dédale à parcourir vous est dévoilé. Il devient simple d'en sortir. L'hypnose nous sert à surplomber les problèmes dans lesquels nous sommes empêtrés et à trouver le chemin de la sortie.

Comment l'hypnose peut-elle vous soigner ?

Pour mettre au point le traitement des troubles alimentaires à l'aide de l'hypnose, ma démarche a été la suivante. Chaque personne qui me faisait part de

---

1. Paul Valéry.

ses difficultés pour maigrir a été systématiquement interrogée sur son comportement. Ont été répertoriées de très nombreuses attitudes, différentes d'un patient à l'autre, avec souvent les mêmes conséquences : prise de poids, « remplissage » ou vomissements volontaires.

Ce qui a été déterminant, c'est la mise en évidence d'éléments contraires chez une même personne. Par exemple, une personne dit ressentir du plaisir pour le sucré mais, après une certaine quantité absorbée, elle ressent de l'écœurement face à ce même sucré et ne peut plus en avaler. Autre exemple, celui d'une personne qui dit être obsédée par le chocolat : mais elle se souvient aussi des indigestions causées par cette substance qui l'ont éloignée plusieurs semaines de ce produit et lui ont fait perdre temporairement cette obsession. Cette personne avait donc l'expérience de l'obsession et l'expérience du détachement pour le même produit.

Une autre femme dit qu'elle aime sentir son estomac distendu et rassasié, mais si elle se voit dans un miroir, aussitôt elle se sent mal. Une autre encore dit aimer se remplir d'aliments, mais si elle observe quelqu'un d'autre se comporter comme elle et avaler goulûment de grandes quantités d'aliments, elle est dégoûtée. Une autre encore pense que manger efface sa fatigue, mais ressent un grand épuisement après avoir avalé des produits gras. Chaque personne interrogée présentait une chose et son contraire, l'ordre et le désordre, le poison et l'antidote.

De là il ressortait que chacune disposait de ressources parfaitement adaptées à sa souffrance ; alors notre travail consistait à les mettre en évidence puis en action. Les personnes devaient faire l'expérience de l'existence de ces ressources au moyen d'exercices appropriés. L'hypnose n'« enlève » pas les problèmes. Elle permet une confrontation entre les problèmes et les solutions inhérentes à chaque personne.

Les exercices qui suivent (p. 111) servent à remettre du mouvement, à quitter les automatismes inappropriés et à trouver de l'inspiration pour un meilleur chemin.

ACTION ! Avant de commencer un exercice, trouvez une position agréable et si possible confortable. Toutefois, ils peuvent être faits debout dans le métro ou assis au bureau, par exemple. Ne cherchez pas à mesurer le temps. La durée est donnée par votre patience. Si vous en avez peu au début, faites des séances courtes. Ne prolongez pas inutilement la séance. Ne vous en servez pas pour dormir : ce n'est pas l'objectif.

Petit exercice d'autohypnose

Pour le ressentir et prendre vos repères, je vous propose d'expérimenter le contraste entre l'état habituel d'attention ordinaire et l'état hypnotique qui nous intéresse par une série d'allers et retours entre ces deux états.

Attention ordinaire : Vous avez la sensation de contrôler les choses, de très nombreuses pensées vous traversent le cerveau. Le corps est tendu.

État hypnotique : Pour le trouver, réduisez le contrôle en mettant de la confusion dans vos perceptions. Fixez un point jusqu'à obtenir un flou visuel. Ou portez attention à vos jambes et attendez (longtemps s'il le faut) de ressentir de la pesanteur ou une impression de jambes en coton. Ce n'est pas une compétition. Si cela met du temps à venir, attendez ou recommencez plus tard.

Attention ordinaire : Vous analysez ce qui vous arrive, vous portez un jugement, vous avez des « humeurs », des émotions, des commentaires. Bref, vous êtes centrée sur vous.

État hypnotique : Vous faites partie de l'espace que vous observez sans jugement. Les choses sont ce qu'elles sont, vous êtes comme vous êtes. Entraînez-vous à vous sentir comme un objet parmi les autres objets de la pièce. Pour cela, utilisez l'engourdissement de votre corps. Si vous parvenez à éprouver comme une ankylose dans vos bras et vos jambes, alors il vous sera plus facile de vous sentir comme un fauteuil, ou n'importe quel meuble. L'intérêt d'un meuble, c'est qu'il n'a pas d'émotion, pas de pensée, ni de désir. Vous êtes là, à votre place, vous existez et c'est bien.

Attention ordinaire : Les bruits extérieurs vous dérangent, tout se ligue contre vous pour vous empêcher de vous concentrer. Si par malheur votre attention repère un petit bruit (le tic-tac d'une horloge, des pas chez le voisin, une sonnerie de téléphone), vous êtes aussitôt distraite. L'existence d'autres humains vous dérange.

État hypnotique : Vous prenez la réalité comme elle est. Vous percevez les activités d'autres personnes proches ou au loin : chacun vaque à ses occupations. Vous n'êtes pas concernée par l'agitation alentour. Si vous perdez le fil, fixez de nouveau votre attention sur votre corps : au choix, la pesanteur dans vos jambes, quelle jambe est la plus lourde ou la plus engourdie ? Ou la respiration ; vous aimez mieux inspirer ou expirer ? Restez le plus possible attentive à votre corps ou, plus exactement, chaque fois que vous vous sentirez trop enfoncée dans la rêverie, ou dans des préoccupations, si vous voulez retourner dans l'expérience de l'hypnose, cherchez à nouveau les zones d'engourdissement, quel est le bras le plus lourd, etc. C'est votre corps qui vous guide par l'attention que vous lui portez.

Pour obtenir de vrais changements, cet exercice d'hypnose doit être pratiqué quotidiennement. Il ne suffit pas d'y être parvenue une fois ou de l'avoir compris. Cette répétition quotidienne du processus de l'hypnose est nécessaire parce que la vie est un équilibre instable. Chaque jour, nous retrouvons nos marques, nos liens, nos réflexes et un nouvel équilibre. L'entraînement quotidien d'hypnose associé à des exercices ciblés rend automatiques et faciles les nouveaux comportements alimentaires. Quand un geste deviendra pour vous un réflexe, une habitude, vous n'aurez plus besoin de faire d'efforts, vous serez tranquille.

Des amis médecins m'ont fait la remarque que la pratique de l'hypnose est proche de celle de la méditation. Ils ont noté également des parentés avec les pratiques chamaniques. L'hypnose est un combiné de méditation et de chamanisme qui convient à notre culture. L'hypnose en est la forme occidentale. Elle emprunte au chamanisme la notion de passeur. Ce passeur (le thérapeute ou les consignes thérapeutiques) transporte un malade d'une rive à l'autre pour lui faire rejoindre le groupe des bien portants. Et elle emprunte à la méditation la modification de perception. Cette perception est une relation large et mouvante à tout ce qui nous relie à la vie. Elle est l'instinct de vie, qui a pour fonction de nous orienter obstinément vers le soulagement.

Si vous êtes en souffrance, il se produit aussitôt en vous une force qui veut le soulagement. C'est cette force qui vous incite à lire ce livre et qui vous pousse à chercher une solution à vos problèmes. Laissez-vous porter par cet instinct qui veut absolument vous éloigner de ce qui vous blesse comme il veut vous éloigner d'une flamme ou d'un objet brûlant.

L'hypnose rapide induite en trois mouvements

Pour atteindre plus facilement l'état hypnotique, il existe une technique que j'ai dénommée « l'hypnose en trois mouvements ». Vous pouvez enregistrer ce texte ou demander à quelqu'un de vous le lire lentement.

Cet exercice simple traite plusieurs problèmes :

– il vous permet de quitter la pensée pour le corps ;
– il vous fait vivre le moment présent ;
– il élargit votre conscience de l'espace alentour ;
– il vous montre votre place et les liens qui vous unissent au vivant.

Faites cet exercice si :

– vous êtes trop angoissée ;
– vous pensez à manger des produits « nuls » (sucrés, gras) ;
– l'image de produits toxiques vous revient sans cesse ;
– vous pensez trop fort à faire une crise de boulimie.

N'attendez pas de cet exercice plus qu'il peut vous donner. Ne soyez pas obsédée par le but et en attente d'un résultat immédiat. Ces exercices sont des jeux. Jouez et laissez venir les changements !

 **EXERCICE**
Durée : 3 minutes

Partez toujours d'une posture confortable. Pour cela, ajustez votre position et attendez de ressentir un bel équilibre dans vos épaules, votre port de tête. Votre respiration est facile, le ventre est souple, vous êtes tranquille.

Premier mouvement

• Après avoir trouvé une posture fière et confortable (un beau port de tête, des épaules ouvertes, le tout sans effort inutile), fermez les yeux et imaginez, jusqu'à la ressentir vraiment, une vague d'air tiède ou frais (selon vos désirs) parcourir votre corps de la tête aux pieds.
• Suivez sa progression lentement en portant attention à vos cheveux, à votre front, à vos joues et attendez d'avoir une sensation tactile et thermique sur votre peau. Vous pouvez utiliser le support visuel imaginaire d'un ventilateur ou d'une cheminée pour faciliter la perception corporelle.
• Attendez d'avoir une vraie hallucination : « Il m'a vraiment semblé qu'un ventilateur était en

marche, là devant moi » ou : « Soudain, je me suis sentie devant la cheminée, le visage chauffé et éclairé par les flammes. » À cet instant, vous êtes vraiment dans l'hypnose et vous pouvez laisser la vague d'air descendre le long de votre corps lentement pour vous offrir le temps d'entrer en relation avec la réalité de votre présence physique. Sur son parcours, le souffle éveille vos épaules, vos bras, votre cage thoracique, vos jambes jusqu'aux orteils.

• Après son passage, laissez venir une sensation de pesanteur généralisée comme une ankylose du corps.

Deuxième mouvement

• Il suit un trajet inverse. Imaginez une vague de légèreté qui remonte des pieds vers le visage.

• Sur son passage, le corps devient cotonneux et par moments si léger qu'il semble pouvoir se détacher de son support (siège, fauteuil, canapé).

• Vous ne parviendrez pas à ressentir la légèreté les premières fois. Il faut de l'entraînement. Attendez d'avoir cette sensation de flottement, d'inconsistance et d'unité du corps.

Troisième et dernier mouvement

• Retour du corps au contact de son support. Vous vous préparez à finir l'expérience.
• Faites quelques petits mouvements d'étirement et quelques grandes respirations.
• Restez tonique.
• La session d'hypnose est terminée, vous pouvez retourner à vos occupations.

Faites une pause hypnotique une fois par jour en suivant les leçons 1 ou 2 pour garder la relation au corps.

L'hypnose en un mouvement, à pratiquer avant chaque exercice

Après avoir suivi les exercices d'hypnose des leçons n° 1 et 2, vous serez à l'aise pour atteindre facilement l'état hypnotique. Vous pourrez alors vous installer dans l'hypnose sans procédure particulière. Avant de faire les exercices qui vont suivre, laissez s'installer l'état hypnotique avec la leçon d'hypnose n° 3.

 EXERCICE
Durée : 1 à 3 minutes

• Ne faites rien de particulier. Il s'agit d'être vraiment présente.

• Ressentez l'espace autour de vous. Ressentez les objets. Attendez d'avoir trouvé le calme et de vous sentir bien à cet instant précis. Ne débutez rien si cette tranquillité n'est pas atteinte.

• Laissez aller votre imagination. La visualisation vous est facile. Ne vous laissez pas glisser dans le sommeil.

• Maintenez votre attention à la fois sur l'objectif et sur une sensation de détachement paisible et sans attente précise. Vos muscles et votre pensée fonctionnent sans effort et sans crispation. Attendez de trouver et de ressentir ce fonctionnement souple et économique.

• Ensuite, suivez les images et les exercices que vous avez choisis et qui vous seront proposés.

En résumé et en pratique :

• Les leçons d'hypnose n° 1 et 2 sont utiles à pratiquer pour calmer et prévenir les crises d'anxiété, les sensations d'ennui, de vide et de fatigue nerveuse. Prescription : une à trois fois par jour pendant plusieurs mois.

• La leçon d'hypnose n° 3 convient bien à l'ensemble des exercices qui vont suivre. Elle les précède et les facilite.

Fiches
d'exercices pratiques

Pour reprendre le contrôle :
passer de l'état second à l'état premier ou lucide

Lorsqu'une personne se remplit de produits gras ou sucrés, elle le fait dans un état « second ».

Les témoignages sont concordants et confirment toujours cette sensation de n'être pas soi-même. D'être comme « habité » par un désir, réduit à une impulsion qui incite à faire du remplissage ou à faire des achats de confiseries ou de chocolat par exemple. Puis, lorsque cette crise est terminée, ce passage bizarre d'automatisme maladroit prend fin et laisse place à une perception large et tranquille où l'on prend la mesure de ce qui s'est passé.

Le conditionnement était si intense que certains parlent d'« hypnose négative » ou de sidération pour expliquer ces phases de perte de contrôle. Nous pouvons donc distinguer deux états très différents en rapport avec l'action de s'alimenter :

Un état premier : lucide, appétit normal, achats de fruits et de légumes, bonnes décisions.

Un état « second » : confus, incontrôlable, répétitif.

EXERCICE
Durée : 1 à 5 minutes

• Posez-vous la question suivante : Qu'est-ce qui appartient à l'état premier et que vous pourriez transporter vers l'état « second » lorsqu'il se produit, pour le défaire et l'interrompre ? Les réponses sont les vôtres. Je vous laisse les trouver… À titre d'exemples dont on peut s'inspirer, voici quelques réponses reçues.

La fiche bristol
• Pendant que vous êtes dans l'état premier, écrivez sur une petite fiche à conserver avec vous les consignes importantes : « Je ne rentre plus dans tel magasin », « Je suis dégoûtée par les gâteaux », « J'arrête d'acheter du fromage », « Je cesse de grignoter toute la journée », « Je ne veux plus calmer mon énervement en mangeant », etc. Puis, dès que l'état « second » apparaît, reprenez la fiche et lisez-la jusqu'à ce que les obsessions s'estompent et se dissipent.

Profitez de ce que vous êtes dans l'état premier pour organiser votre espace : jetez les denrées toxiques pour ne pas recommencer une nouvelle crise de remplissage, préparez des salades, décongelez du potage, faites une compote de pommes. Quand vous êtes dans l'état second, tout ce que vous ferez sera nul. Il faut en sortir le plus vite possible.

Question : Quelle est la différence entre vous et d'autres personnes dont vous enviez le comportement ?

Réponse : Ces personnes sont tout comme vous ; simplement elles quittent vite et facilement l'état second. Vous pouvez les rejoindre avec un peu d'entraînement et en vous inspirant des exercices de ce livre.

Sortie de crise

« Quand je suis dans l'état premier, je suis dans mon état normal et tout ce que je fais et décide est vrai ; je peux lui faire confiance. Tandis que l'état "second" est anormal, pathologique, c'est une crise de "folie" qui va prendre fin. » Ressentez le vrai de cette remarque pour y prendre appui.

Regarder une photo

Je regarde une photo de moi en maillot de bain et cela me sort de l'état « second », et du magasin où j'étais entrée.

Faire régulièrement des mini-séances d'hypnose

La pratique régulière de courtes séances d'hypnose avec les leçons 2 et 3 permet de réduire la fréquence et l'intensité de ces « états seconds » pathologiques qui sont en fait des états de sidération, d'obsession. Dans l'état premier, nous sommes à ce que nous faisons, avec le corps et dans la réalité. Dans l'état « second », nous sommes ailleurs, dans des croyances, totalement absents du réel. Tous les exercices (et en particulier les « interrupteurs », voir p. 236) qui vont suivre dans ce livre ont pour but de vous faire quitter cet état « second » pathologique.

Comment savoir si un aliment nous convient ou pas ?

Comment savoir qui a raison concernant l'alimentation ? Nous lisons beaucoup d'articles, de livres rédigés par des médecins, des scientifiques au sujet des règles diététiques, dont les conclusions peuvent se contredire. Qui a raison, qui dit vrai ? À qui se fier ? C'est simple. Seul le corps a raison. C'est le corps qui nous guide.

EXERCICE
Durée : 1 à 2 minutes

• Pensez à un produit sucré ou gras (du fromage par exemple) que vous désirez ou sur lequel vous avez un doute, et posez la question autour de vous : à des amis, à des enfants, à la culture ambiante, à vos parents. Vous récolterez de très nombreux points de vue différents, mais souvent favorables à l'ingestion de ce produit.

• Maintenant, pensez à nouveau à ce produit sucré ou gras que vous désirez ou sur lequel vous avez un doute et demandez à votre corps ce qu'il en pense. Demandez à votre foie, à votre vésicule biliaire, à vos hanches ce qu'ils en pensent. Et attendez leurs réponses. Ressentez les blessures, les irritations, l'accumulation nocive, l'impossibilité d'éliminer. Si la réponse n'est pas claire, demandez à vos cuisses, à vos fesses, à vos artères, aux veines de vos jambes. Sans culpabilité, juste une question : oui ou non, est-ce que le corps en est content ?

• Ne demandez pas à votre langue ni à vos papilles ! Elles ressentent la saveur sucrée et elles ne voient pas plus loin. La saveur est le maquillage, l'enrobage qui sert à tromper nos sens et emporte la décision. Nous pouvons dire que, jusqu'à présent, vous étiez guidée par votre langue ou par une sensation de réplétion dans l'estomac. Ces sensations avaient le pouvoir de décision. Elles décidaient pour vous. Les autres parties du corps vont parfois très mal mais vous étiez fixée sur vos papilles gustatives ou sur une sensation de vide dans votre estomac.

En prenant du recul grâce à l'hypnose, vous percevez les autres parties du corps qui souffrent de difformité et de fatigue. Le corps nous guide, nous dit ce qui le blesse et ce qui le protège. C'est pratique car vous l'avez sous la main en permanence, vous pouvez donc lui demander souvent son avis. Ne demandez ni aux médecins, ni à l'industrie, ni à la publicité, ni aux livres ou articles, ni aux parents. Seul votre corps peut vous orienter.

Question : J'aime tous les fromages, est-ce que je dois les conserver dans mon alimentation ?

Réponse : Déjà, nous pouvons observer que les fromages sont faits avec du lait de vache ou de chèvre. Ces laits sont destinés aux veaux et aux chevreaux. Les humains les détournent et en prennent la matière grasse pour fabriquer beurre et fromages. Si vous en consommez de petites quantités en choisissant les moins riches en graisses, votre corps pourra les assimiler, mais pas au-delà.

Choisir un guide

Vous ne savez pas à qui faire confiance ?
Vous hésitez à suivre les conseils de l'un ou de l'autre ?
Vous ne savez pas choisir entre plusieurs régimes ?
Vous cherchez un guide sérieux ?
Cette fiche est pour vous.

Nous avons vu dans la fiche précédente que le corps est le meilleur des guides. Mais que signifie pour vous le « corps » ? Est-ce que cette formule n'est pas un peu abstraite ?

EXERCICE
Durée : 2 à 5 minutes

• Mettez-vous en hypnose à l'aide de la leçon n° 3 p. 108 (si vous êtes bien exercée).
• En premier lieu, portez attention à votre corps. Circulez de la tête aux pieds et repérez une partie de votre corps qui est vraiment blessée par les produits sucrés, gras ou alcoolisés (le ventre ? les hanches ? les cuisses ? le visage ? les fesses ? l'estomac ?). Si cela tarde, alors attendez que cette zone qui souffre de trop de graisses, de

trop de charge et de déformations vous apparaisse et se propose d'elle-même.

• Ressentez-la et installez-vous dans cette partie de votre corps qui vous semble réellement empoisonnée par les faux aliments.

• Puis demandez à cette partie si elle veut bien être votre guide, en particulier pour juger de ce qui vous fait du mal et de ce qui vous protège. Cet organe ou cette zone de votre corps pourra seul(e) décider de ce qui est un aliment. Lui ou elle seule pourra orienter vos choix.

• Ainsi, chaque fois qu'une envie vous tenaillera (cela viendra souvent de votre pensée), tournez-vous vers cette partie malade et demandez-lui conseil.

Comment ne pas entrer dans un commerce source de tentations ?

Lorsque vous vous trouverez devant la vitrine ou sur le pas de la porte d'un magasin à risque (par exemple une pâtisserie ou une chocolaterie), posez-vous les questions suivantes :

« Y a-t-il des fruits dans ce magasin ? » Réponse : non.

« Y a-t-il des légumes ? » Réponse : non.

« Du poisson, quelques viandes légères ? » Non.

« Quelques laitages, des œufs ? » Non plus. Alors je n'ai rien à y faire !

Et passez votre chemin.

Illustration : une femme me rapporte un jour son expérience. Quelques jours après avoir pratiqué l'hypnose, elle passe devant la vitrine d'une boulangerie, elle salive, ressent une impulsion et entre. La serveuse lui demande ce qu'elle veut. Elle regarde autour d'elle (son autohypnose se déclenche) et cherche ce qui peut lui convenir. Son regard glisse sur les pâtisseries et viennoiseries. Elle n'arrive pas à se décider. Finalement elle repère des petites bouteilles d'eau sur une étagère. Elle est soulagée et annonce sa commande : « Une bouteille d'eau minérale, s'il vous plaît ! » Elle est heureuse d'avoir pu mieux s'orienter. Elle s'est sentie attirée, elle est entrée, mais elle a pu contourner la difficulté. Je lui confirme que cette expérience peut être décisive pour la suite.

Ne pas se peser

Si vous êtes obsédée par la balance.
Si vous voulez à tout moment connaître votre poids.
Si vous voulez contrôler et mesurer votre corps et tout ce que vous mangez.
Alors cette fiche est pour vous.

Il est difficile de donner des consignes autoritaires et définitives tant nous sommes différents dans nos réactions. Il est possible qu'un certain nombre de personnes tirent profit de pesées quotidiennes et du comptage des calories. Mais il est également certain qu'une évaluation obsédante du poids puisse être un frein à la guérison. Je vous laisse décider de ce qui est bon pour vous :

• Avantages de se peser : connaître la réalité, trouver un encouragement en cas de perte de poids, évaluer les effets d'un régime ou à l'inverse d'un excès alimentaire.

• Inconvénients à se peser : augmenter l'obsession, se lamenter, se tromper d'objectif, traiter le corps comme une machine, se décourager facilement.

Le discours des personnes en surpoids rapporte le plus souvent une inquiétude à vérifier le poids et un manque d'efficacité pour déclencher un amaigrissement. L'évaluation doit surtout porter sur les changements observés.

Ce n'est pas le poids qui doit changer, c'est la relation à l'alimentation et la relation au corps. La perte de poids en découle naturellement.

Pour beaucoup d'entre nous, tout commence avec le désir de contrôler son poids ; ce qui est légitime si nous avons trop de graisse. Puis l'objectif tourne à l'obsession. Une exigence personnelle vient compliquer l'affaire. Si le niveau de l'exigence dépasse un certain seuil, la tranquillité disparaît et il devient impossible d'atteindre l'objectif.

Maigrir demande une ouverture, l'exigence est une fermeture. Plus je veux quelque chose, plus cela m'échappe. Se peser peut faire partie de cet excès de contrôle : une volonté de maîtriser son comportement qui rétrécit la perception et augmente l'obsession et l'envie de manger.

Le comptage des calories ou la pesée des aliments peuvent faire partie de cet acharnement à maigrir. Si vous trouvez qu'ils deviennent nuisibles et surtout inefficaces, faites une pause. Si vous vous retrouvez dans cette description, vous pouvez faire l'expérience, pendant un mois, de ne plus rien peser ou mesurer. Le **déclic** peut venir de cette simple décision.

EXERCICE
Durée : 1 minute

• Mettez votre balance dans un placard ou sur la plus haute étagère, hors d'atteinte. Votre évaluation portera désormais sur le vécu de la journée :

– êtes-vous passée devant une vitrine sans vous y arrêter ?
– avez-vous mieux fait vos achats alimentaires ?
– regardez votre ventre : est-il plus musclé grâce à vos cours de gym ?
– au restaurant, le serveur n'a pas réussi à vous placer les gâteaux, vous avez tenu bon en prenant « l'ananas en pirogue ».
• Depuis que vous avez pratiqué les exercices du livre, vous avez moins l'envie d'avaler. Vous vous sentez mieux dans vos vêtements : sans doute un peu de graisse est partie cette semaine. Vous pouvez aussi ne rien faire et vous laisser vivre en lisant ce livre et laisser venir un déclic.
• Mettez-vous en hypnose (leçon d'hypnose n° 3 p. 108) pour ressentir cette posture. Vous avez un réel objectif : maigrir, mais en même temps, vous savez quitter cette fixation pour rester dans le plaisir de vivre qui seul vous

apportera la solution adaptée à votre personnalité. Vous êtes tendue vers un but et, en même temps, détachée de ce but, tranquille pour trouver le chemin. Lorsque vous êtes tendue vers l'objectif de maigrir, c'est la raison qui vous anime : trop de fatigue, trop de charge, trop de temps perdu… Lorsque vous entrez en hypnose, vous laissez de côté cette obsession pour pouvoir atteindre l'objectif.

Ce livre d'hypnose est là pour favoriser et faciliter les changements que vous attendez.

Protéger votre territoire, éliminez les pièges

Quelles sont vos points faibles dans le domaine alimentaire ?

Témoignages : « Si je sais qu'il y a un paquet de biscuits ou du chocolat dans mon placard, j'y pense sans arrêt, il m'appelle et je finis par le manger en entier », « Je ne sais pas m'arrêter devant un plateau de fromages. »

• Ne cherchez pas le défi ou l'affrontement. Vous êtes vulnérable et fragile dans ce domaine. Écartez au mieux tous les produits qui vous attirent trop. Ce sont des pièges que vous allez apprendre à déjouer, mais en attendant, pas de risques inutiles, ne perdez pas vos forces dans une confrontation difficile. Modifiez votre territoire en éliminant tous les pièges possibles.

• Entourez-vous de compotes, yaourts, œufs durs, tomates cerises, morceaux de carottes, de concombre, bananes, fraises, tranches de poulet. Composez pour vous-même et à votre domicile un espace tranquille contenant peu de sollicitations ; laissez-vous le temps de trouver un détachement simple et salutaire. Il y aura donc au moins un lieu qui reflétera votre décision et auquel vous pourrez vous habituer peu à peu.

À l'extérieur les « pièges » resteront nombreux, mais au moins chez vous, il y aura un espace protégé.

Question : j'ai des enfants à la maison, je ne peux pas supprimer biscuits et sodas. Comment faire ?

Réponse : faites-le progressivement. Utilisez de plus en plus de légumes et de moins en moins de frites. Il est de votre responsabilité de mère de faire l'éducation alimentaire de vos enfants pour qu'ils ne deviennent pas un jour obèses. Ils vous remercieront toute leur vie de les avoir habitués aux légumes et aux fruits, par exemple.

Question : et s'ils cherchent des gâteaux dans les placards ?

Réponse : dites que vous avez oublié d'en acheter, mais qu'il y a des clémentines et des bananes à leur disposition.

À vous de voir si cette perspective vous apporte un soulagement. Si cela est le cas, organisez votre territoire avec de vrais aliments et choisissez ceux que vous aimez, évidemment. Habituez-vous à leur présence et variez comme il vous plaira le choix et la présentation.

Un petit changement significatif

Si vous ne savez pas par quoi commencer.

Si vous trouvez que vous avez trop de « défauts » à soigner.

Si vous avez trop d'exigence.

Si vous êtes impatiente de maigrir.

Si vous avez du mal à provoquer un changement, alors cette fiche est pour vous.

Pourquoi, alors que nous savons bien qu'il faut changer, hésitons-nous à le faire ? On recule, on remet au lendemain… Il y a plusieurs raisons à ce comportement. Nous sommes rassurés par des gestes qui nous sont devenus familiers. Ils produisent une prise de poids, un empoisonnement, mais nous nous sommes habitués à ces rituels. Le familier nous rassure et la nouveauté nous inquiète. La routine, les vieux réflexes collés à la personnalité, confondus avec soi, tous ces gestes même maladroits sont conservés avec fidélité.

Mais alors comment changer vraiment ? Il faut agir prudemment et par étapes. Par exemple, en décidant d'un petit changement.

Quel petit changement, facile, réaliste, pourriez-vous décider et mettre en place rapidement ?

Prenez votre temps pour le trouver. Ce petit changement peut concerner l'alimentation ou tout autre domaine. Si un rituel vous paraît trop ancien et usé, changez-le. Vous aviez tendance à le conserver parce qu'on est rassuré par ce qui nous rappelle nos parents ou notre enfance ; voyez si cela peut vous plaire de bousculer certains rituels. C'est l'exercice de la liberté. Voici quelques exemples de réponses :

– je vais rentrer chez moi le soir sans m'arrêter à la supérette ;

– je vais déplacer mes meubles et inverser salon et salle à manger ;

– je vais supprimer le dîner si je rentre tard le soir ;

– je n'achète plus de glaces ;

– je vais préparer à l'avance mon repas de midi ou mon repas du soir ;

– je change ma couleur de cheveux ;

– je m'achète un vélo ;

– je change mon itinéraire ;

– je mets la télé au placard.

Choisissez un changement simple et pratique qui vous fait plaisir. Puis poursuivez avec d'autres petits changements sans penser à la portée de tout cela. Laissez agir sur vous le plaisir du changement. L'échec provient souvent de trop de pression et d'exigence devant la somme des problèmes à résoudre. La solution consiste à retrouver du plaisir dans de petits changements sans « prise de tête », même très éloignés de votre désir de maigrir.

EXERCICE
Durée : 3 à 5 minutes

• Mettez-vous en hypnose (leçon n° 3 p. 108) et passez votre journée en revue, du matin au soir. Ne forcez pas ! Attendez que cela vous vienne. Un geste, une habitude que vous pouvez modifier facilement ; un tout petit changement pour commencer et ce sera bien.

• Une fois que vous avez trouvé, vérifiez si ce changement ne vous met pas la « pression ». Sinon, changez ; dix fois s'il le faut. Puis notez le petit changement sur une fiche, par exemple, et installez-le ou vivez-le. Puis, ressentez ce que ce changement vous donne comme sensation interne. Rien de particulier, ou du soulagement ou de l'entrain…

Vous et les autres : prudence

Parfois, on est si heureux des progrès accomplis qu'on aimerait pouvoir en parler autour de soi. Renoncez à cela. Dans votre entourage, certains seront agacés et jaloux de vos changements. Pour nombre d'entre eux, il est insupportable que vous puissiez atteindre ce qui leur semble inaccessible. D'autres seront alarmistes devant votre amaigrissement et d'autres encore vont tout faire pour vous déstabiliser afin d'évaluer votre solidité. Ne vous épuisez pas à leur expliquer, à vous justifier, vous n'êtes pas dans le même espace. Si vous tenez bon, alors ils reprendront courage et ils vous utiliseront comme guide et comme exemple à suivre.

Acceptez d'être seule et de n'attendre ni encouragements ni compliments. Comme toutes les personnes qui ont retrouvé leur lien avec leur corps, vous avez un savoir que les autres n'ont pas ; une expérience non communicable.

Conseils :
– ne dites à personne que vous avez décidé de maigrir ;
– dites que vous détestez les régimes mais que vous souffrez de troubles digestifs, de problèmes de vésicule biliaire, d'estomac, et que vous n'arrivez plus à manger comme avant.

Accepter la réalité

Vous trouvez que vous avez beaucoup de défauts. Surtout dans votre comportement face aux aliments. Vous avez raison, vous avez tous les défauts que vous évoquez. Et la liste est longue. Êtes-vous constituée uniquement de ces défauts ? Non : si vous prenez le temps d'un peu de recul, vous allez aussi vous trouver quelques qualités.

Élargissez votre champ d'exploration à des domaines plus variés et vous trouverez encore beaucoup d'autres défauts et tout de même quelques qualités. Par exemple, vous êtes fidèle en amitié, ou encore, vous êtes consciencieuse dans le travail, vous êtes exigeante, vous aimez rendre service ou secourir une personne âgée. Mais vous n'avez pas que des qualités, loin s'en faut.

Toutefois, si on cherche à vous définir, il serait faux de ne mentionner que vos défauts. La liste (longue) de vos défauts ne suffit pas à vous définir en totalité. À l'opposé, il serait inexact de ne vous définir qu'au travers de vos qualités. Un mélange de nombreuses qualités et de nombreux défauts : êtes-vous d'accord pour accepter cette définition de vous ? Si vous avez répondu par l'affirmative, voici un exercice pour vous :

Question : Quelqu'un vous critique et met le doigt sur plusieurs de vos défauts. Comment réagissez-vous ?

Réponse : « Cette personne a raison. » Acceptez la réalité, vous avez beaucoup de défauts, mais pas uniquement. Et vous tentez régulièrement de vous améliorer.

Autre question : Vous vous dites régulièrement que vous êtes nulle ?

Réponse : C'est vrai, vous avez raison. Vous êtes nulle. Si une personne s'examine honnêtement, elle trouvera avec certitude bon nombre de situations où elle a fait preuve d'incompétence. Impossible de réfuter cette accusation. Acceptez tranquillement cette critique. Mais vous savez que ce point de vue, si vrai soit-il, ne montre qu'une de vos facettes.

Avant, il vous fallait vous justifier, vous défendre et cela assombrissait votre humeur pour un long moment. Désormais, vous connaissez l'étendue de votre personnalité ; surtout, vous acceptez la réalité. Vous êtes nulle sur un point, mais pas uniquement : vous êtes aussi très bien dans d'autres domaines. Votre personnalité a tant et tant de facettes que nous n'aurons pas trop d'une vie pour les citer toutes.

Cette attitude a un mérite, elle est reposante. Faites-en l'expérience. Dès qu'une personne vous fera un reproche ou une critique, acceptez ! En disant au choix : « C'est vrai, je ne suis pas très au point dans ce domaine, c'est fou ce que j'ai comme défauts ! Je m'en trouve tous les jours. Je ne suis pas très heureuse de ces défauts, et je tente d'y remédier, mais c'est lent. » Mais vous, vous savez que cela ne suffit pas à vous définir. Vous avez en tête quantité d'autres éléments qui vous composent.

Vous aurez la preuve que cet exercice est bien assimilé lorsque les réponses que vous ferez à un prochain interlocuteur auront cette vertu apaisante. Le but est de vous sentir tranquille avec la réalité. Cette attitude réduit le contrôle. Le contrôle est l'énergie déployée pour que les autres ne remarquent pas vos défauts ou pour tenter de les supprimer. C'est épuisant. Acceptez la totalité de votre être.

Pourquoi accepter une réalité que l'on n'aime pas ?

Parce que le fait d'accepter réintroduit les défauts dans la totalité de l'individu. Ces mêmes défauts sont alors en contact avec d'autres éléments qui leur sont opposés ou complémentaires. Il en résulte un équilibre. Si l'on porte un regard obsessionnel sur ces problèmes, leur isolement les fait grandir, s'aggraver. Il s'ensuit une perte de contrôle. Puis ce sont les problèmes qui prennent en main la vie de la personne et non l'inverse.

Si j'accepte la réalité, je m'effondre ; moi je veux lutter contre la réalité que je n'accepte pas ! Comment faire ?

Accepter la réalité ne signifie pas que l'on est fier de tout ce qui ne va pas. Ni que l'on abandonne l'espoir de guérir. C'est tout l'inverse. Si nous acceptons de voir nos blessures, nous pourrons enfin les soigner. Si nous luttons contre un défaut, nous lui donnons de l'importance, il grandit. Tant qu'il est hors de nous, face à nous, il ne cesse de grandir. Si nous l'acceptons comme un trait de notre personnalité, il retrouve sa place au sein de notre totalité et se trouve contenu et désamorcé par d'autres éléments qui nous composent.

Mais, attention, vous devez aussi accepter les compliments !

• Avant ? Vous étiez gênée par les compliments, vous aviez tendance à les refuser ou à les minimiser. Vous saviez les faire mais pas les recevoir.

• Maintenant ? Avec la même facilité, vous laissez venir les critiques qui révèlent vos défauts et les compliments qui pointent vos qualités. Il y a une bonne raison à cela : tout ce que l'on vous dit est vrai, mais ne suffit pas à vous définir.

Accepter un regard complet sur vous, c'est être sur le terrain. On ne soigne pas une maladie mais une personne qui souffre. Pour vous être utile à vous-même, il vous faut tout examiner.

E X E R C I C E
Durée : 1 à 3 minutes

• Laissez venir l'hypnose (voir leçon n° 3 p. 108).
• Regardez souvent, longuement et j'ajouterais *froidement :*
– vos amas de cellulite, votre gros estomac, votre profil dans le miroir, vos hanches déformées, votre menton doublé de graisse ;
– si vous vous faites vomir, regardez votre corps penché au-dessus de la cuvette des toilettes, regardez le vomi, ressentez votre gorge, vos doigts enfoncés, les bruits ;
– votre façon de manger, la rapidité du geste, l'avidité, la peur de manquer ;
– la façon d'acheter, de rôder autour des rayons de gâteaux, le silence qui vaut acceptation.
• Observez-vous minutieusement, comme si vous aviez à décrire, à faire un reportage. Prenez au quotidien la position d'une personne extérieure qui vous regarde comme elle regarderait une « extraterrestre » pour tout raconter dans le détail. Ce point de vue établit une distance qui permet un regard sans passion. Ce

regard est tranquille, large et complet sur vous-même.

En quoi ce regard est-il utile ?

Ce regard est désencombré de la honte, de la culpabilité et des sentiments qui entravent les processus de guérison. Accepter la réalité dans tous ses aspects, même les plus crus, permet d'être pleinement dans cette réalité matérielle. Au plus proche de ce que l'on vit pour remédier aux problèmes qui « polluent » l'existence.

Se libérer des mauvaises habitudes alimentaires
ou
« Le renard affamé »

Si vous vous sentez comme une prisonnière, enfermée dans un piège, privée de liberté, cette fiche est faite pour vous : elle est simple et peut produire à elle seule un **déclic**.

J'aime beaucoup cette fable d'Ésope. Elle est simple et représente à elle seule un traitement possible de l'obésité.

« Un renard affamé avait aperçu des morceaux de pain et de viande que des bergers avaient laissés dans le creux d'un chêne. Il y pénétra et les mangea. Mais comme son ventre enflé ne lui permettait plus de ressortir, il se mit à gémir et à se lamenter. Un autre renard, qui passait par là, entendit ses plaintes et s'approcha pour lui en demander la cause. Lorsqu'il eut appris sa mésaventure : "Reste donc là-dedans, lui conseilla-t-il, jusqu'à ce que tu redeviennes tel que tu étais en entrant : ainsi, tu sortiras sans peine !" »

Cette fable nous parle d'un piège dans lequel les humains sont attirés et du moyen d'en sortir. Dans le « tronc d'arbre », nourriture et gourmandises les attendent. La prise de poids les tient enfermés. Pour peu qu'ils soient ravitaillés régulièrement, ils resteront captifs du tronc d'arbre creux. Leur espace de vie s'en trouve limité. Ils sont emprisonnés dans une contradiction. Ils voudraient bien en sortir et être légers, minces et libres ; mais ils veulent en même temps absorber les denrées trop caloriques proposées. Ce qui les tient enfermés, ce sont aussi les croyances, les habitudes alimentaires, l'exigence de la mode et l'action de l'industrie alimentaire. Pour sortir, nous dit Ésope, il faut cesser de nous lamenter.

Aviez-vous remarqué combien de personnes se plaignent de leur surpoids ? Mais font tout pour le conserver ! Que pensez-vous du commentaire de l'autre renard ? « Manger peu et prendre patience. » Facile à dire n'est-ce pas ? Ce bon sens est énervant. Et vous ? Si vous étiez à la place du renard « coincé » dans l'arbre creux, que feriez-vous pour pouvoir sortir enfin ? Ne lisez pas la suite. Réfléchissez d'abord pendant quelques instants.

Voici un échantillon des réponses qui m'ont été rapportées :
– je ne regarde plus les aliments disposés autour de moi ;
– je cesse de manger ;
– je jette les aliments à l'extérieur ;
– je ne jette que les sucreries et autres gourmandises et conserve avec moi les fruits et légumes ;
– j'empêche qu'on me ravitaille ;

– je dors indéfiniment jusqu'à ce que j'aie maigri ;
– j'appelle au secours.

EXERCICE
Durée : 3 à 10 minutes

- Mettez-vous en hypnose (voir leçon nº 3 p. 108).
- Puis visualisez-vous avec votre excès de poids qui vous empêche de sortir de ce tronc d'arbre creux.
- Ressentez bien autour de vous la prison de bois et d'écorce et le passage étroit que vous ne pouvez plus emprunter pour l'instant.
- Ajoutez des détails. Autour de vous, des monceaux de nourritures toxiques sans cesse renouvelés. Dehors vous voyez les personnes minces aller et venir. Tous les obèses, les anorexiques, les obsédés du sucré, de l'alcool, etc. tous sont bloqués dans un tronc d'arbre. Privés de liberté, handicapés sans avoir rien fait de mal, hormis d'avoir écouté et suivi de mauvaises consignes alimentaires – à moins qu'ils n'aient peur d'être libre.
- Combien de temps allez-vous encore séjourner dans cet espace étriqué ? Quand et comment allez-vous procéder pour réduire et/ou mieux choisir votre alimentation ?

• Ensuite, quand vous serez prête, faites ce que vous avez à faire pour sortir…

Tant que vous n'aurez pas maigri ou trouvé une alimentation équilibrée, qui correspond à votre corps, reprenez cette fable à votre compte et voyez comment progresser, pour pouvoir sortir un jour.

Vous aurez remarqué que pour tenter de réparer les troubles du comportement alimentaire, à plusieurs reprises dans ce livre l'hypnose vous est présentée avec des métaphores, des contes et des aphorismes. Deux raisons à cela. La première réside dans la puissance de notre imagination qui se saisit d'une histoire pour la vivre aussitôt, produisant plus d'effet qu'un raisonnement théorique. La seconde raison tient dans la fonction du conte ou de la fable ; ils rappellent que ces problèmes, dont vous souffrez, ont déjà préoccupé bon nombre de nos prédécesseurs et des plus illustres.

Vous faites donc bien partie de la communauté des humains qui ont tant de mal à bien vivre. En utilisant les solutions proposées par les philosophes ou les poètes, vous accomplissez un travail irremplaçable, vous cessez d'être centrée sur vous. Vous avez élargi votre vision, vous retrouvez votre place, celle qui vous permet de bénéficier de toutes les aides extérieures…

Si vous faites des écarts,
ou comment vous remotiver

Vous êtes bien partie, vous avez écarté les aliments toxiques, vous mangez en moins grande quantité, tout va bien. Puis un incident se produit. Vous vous rendez à une invitation, à une fête ou à un repas d'amis, ou encore il vous vient une pulsion à cause d'un énervement ou d'un moment de solitude. Et voilà : vous êtes tentée et attirée de nouveau par des desserts ou de l'alcool. Si l'envie est trop forte, ne résistez pas. Mangez ces produits (sans exagération !) et préparez-vous à réparer dès que possible.

Habituellement, dès le moindre écart, une vague de découragement vous submergeait : « Puisque j'ai craqué, alors je laisse tout tomber », « Je suis nulle, je n'y arriverai jamais », « J'abandonne mon régime, je n'ai pas de volonté, un rien me fait chuter… » Vous vouliez la perfection, elle n'est pas au rendez-vous, donc vous baissez les bras. Rappelez-vous de la justesse de cette phrase : « Il y a des cas où l'humiliation résulte d'un effort de perfection et des cas où l'honneur est inattendu[1]. » Et vous mettiez des semaines avant de vous motiver à nouveau.

---

1. Confucius, *Les Quatre Livres*, livre IV.

Je vous propose la métaphore suivante pour ne pas rester davantage dans l'« humiliation » ou le découragement.

EXERCICE
Durée : 1 minute

- Mettez-vous en hypnose (voir leçon n° 3 p. 108).
- Ensuite, imaginez-vous en train de marcher dans la rue, puis de trébucher et, malheureusement, de tomber. Ce n'est pas une situation agréable du tout. C'est même assez pénible, mais cela peut arriver. Il y a d'autres personnes autour de vous qui vont et viennent et quelques-unes ont ralenti leur marche ou se sont arrêtées en vous voyant chuter. Quelle est votre réaction habituelle lorsque vous êtes ainsi bousculée, en déséquilibre et au sol ?
- En général, si c'est une simple chute, vous faites tout votre possible pour vous relever rapidement, n'est-ce pas ? Jamais quelqu'un ne s'est installé sur le sol en proclamant qu'il renonçait à marcher. (Sauf peut-être les jeunes enfants qui apprennent à marcher et qui peuvent retourner à quatre pattes, si une chute se révèle douloureuse.)
- Vous retrouvez la promptitude avec laquelle

chacun se relève en brossant ses vêtements et en massant les zones contusionnées.

Je vous propose d'agir de même avec vos écarts alimentaires ou votre motivation. Si vous vous sentez malmenée, déséquilibrée par les autres ou par une partie de vous-même, considérez que vous avez désormais le réflexe de vous relever aussitôt. De quelle manière ? Voici quelques possibilités : supprimer le repas qui suit, se mettre à la diète une journée, faire un dîner léger, prendre un fruit. Après un excès, c'est bien de laisser l'estomac, le foie, l'intestin au repos. Tous ces gestes ont un pouvoir réparateur : ils vous mettent à nouveau sur le chemin.

Une autre métaphore : vous faites du bricolage ou de la couture, vous vous blessez légèrement, vous soignez la blessure et vous vous remettez à l'ouvrage. Personne n'a abandonné la couture ou le bricolage pour autant. Soyez indulgente pour vous-même, vous êtes encore fragile et influençable. Quelques maladresses sont possibles et ne doivent pas remettre en cause l'ensemble de votre action. Acceptez quelques difficultés et persévérez dans votre décision de changement.

Maintenant, en cas de désordre, vous savez réparer et vous mettre à nouveau « sur les rails ». Vous pouvez donc envisager quelques écarts sans en « faire tout un plat ». Oui ! Il est possible d'aller de temps à autre au restaurant, dans un restaurant réputé de préférence. Mangez une cuisine raffinée et copieuse. Évitez les pizzérias, les fast-foods, les gargotes qui surchargent leurs plats de crème fraîche, d'huile de friture, de sel et de sucre. Préférez les bons restaurants qui ont à leur carte des légumes, du poisson, des salades, des fruits. Et sitôt le repas suivant, retrouvez votre hygiène alimentaire. Vous avez fait quelques exceptions à la règle, c'est entendu ; méfiez-vous que l'exception ne devienne pas la règle !

Si vous voulez évaluer vos progrès, vous pouvez le faire sur une période de plusieurs semaines et sur l'ensemble des problèmes que vous présentiez :
– pendant ces derniers mois, avez-vous moins acheté de produits toxiques ?
– êtes-vous moins souvent entrée dans les boulangeries-pâtisseries ?
– vous est-il plus facile de dire non lorsqu'on vous propose des friandises ?
– avez-vous pu faire quelques dîners légers sans vous sentir frustrée ?
– vous est-il arrivé de ressentir de l'indifférence en regardant du vin, des apéritifs ?

Passez en revue tous les exercices proposés et vérifiez si, dans l'ensemble, ils vous sont plus accessibles et plus simples à appliquer.

En finir avec l'obsession

Si vous êtes obsédée par certains aliments au point de vous sentir comme une droguée en manque ; si vous ne pouvez pas vous empêcher d'en acheter et d'en manger quotidiennement, alors cette fiche pratique peut vous aider à venir à bout de ces obsessions.

L'obsession fonctionne ainsi : une personne fait venir « dans sa tête » le désir, sous la forme d'une image ou d'une pensée. Elle visualise par exemple une confiserie, un gâteau ou du fromage, puis se met à regarder cette image fixement. Les éléments qui composent cette image se précisent. Dans le cas d'un aliment, ce sera sa couleur, sa saveur et le rôle apaisant qui lui est conféré ; le mets devient alors omniprésent, comme dans une hallucination qui peut aller jusqu'à produire une salivation. À ce moment précis, il se passe un phénomène curieux. En se plaçant face à un produit de son imagination, la personne remet son pouvoir de décision à cette illusion créée de toutes pièces. L'aliment et ce qu'il représente deviennent le centre décideur. La personne cède, abdique devant ce produit (ce mirage) qui prend le pouvoir. C'est lui désormais qui dirige. Dès qu'il la sollicite, elle accourt. Elle est privée de son sens critique. Elle ne contrôle plus la situation.

Qui décide à sa place ? Cela va dépendre des situations. La personne est face à un buffet de réception, elle le regarde comme empli de richesses, l'identifie comme signe d'opulence ; aussitôt c'est le buffet et la croyance qui prennent le contrôle et incitent la personne à se remplir. On pense à un alignement de gâteaux et on laisse un peu trop longtemps l'image imprégner le cerveau et ce sont les gâteaux qui dirigent l'individu vers la boulangerie. On devient une marionnette qui a confié les commandes à des produits toxiques manipulant l'homme, la femme à leur guise. Ils l'attirent vers le placard où ils sont rangés, ils lui font entendre le « chant des sirènes » et l'appellent, surtout le soir lorsque la fatigue réduit les défenses.

 ### EXERCICE
Durée : 3 à 5 minutes

• Comme pour les exercices précédents, voici la démarche à suivre : se mettre en hypnose (voir leçon n° 3 p. 108) puis lire une phrase et faire une pause pour visualiser la situation dans le détail, l'enrichir des éléments qui vous concernent ; puis reprendre la lecture, ainsi de suite.
• Tout d'abord, cherchez les éléments qui ont pris le pouvoir sur vous. Peut-être le réfrigéra-

teur ? Combien de fois vous appelle-t-il lorsque vous êtes à la maison ? Prenez une feuille et faites la liste de toutes les substances, objets ou pensées qui décident à votre place. Par exemple : « Le chocolat m'a prise en otage, il m'ordonne d'en manger tous les jours et je lui obéis. Je suis son esclave. » Ou encore : « Le bac à glaces me mène par le bout du nez. Il appelle, j'accours. Pour le faire taire, je le mange en entier et enfin je suis tranquille. Mais quand je fais mes courses, il se remet à m'interpeller et je retourne en acheter. Il m'enferme dans une relation autoritaire dont je suis la victime. »

• Ressentez-vous cette même situation qui vous a fait perdre le contrôle, confier l'autorité à d'autres ou à l'extérieur ? « Si quelqu'un voulait disposer de votre corps à son gré, vous ne vous laisseriez pas faire n'est-ce pas ? Et là vous avez livré tout votre être à des pensées et à des substances qui abusent de votre passivité et qui vous malmènent[1]. » Il est temps pour vous de reprendre votre liberté. Ne confiez à rien ni à personne d'autre les commandes de votre existence. Chaque fois qu'un désir, qu'une pensée toxique veut vous diriger, débattez-vous et reprenez votre libre arbitre. Vous pensiez que

---

1. Inspiré d'une maxime d'Épictète, *Lettres*, 108, 15-16.

cela venait de vous ? C'est l'inverse, les appels viennent de l'extérieur.

• Sous hypnose-imagination, faites parler les objets et les faux aliments. Le frigo, le placard, les sucreries, etc. parlent et s'adressent à vous :

« Viens vers moi, viens me goûter, viens me dévorer (c'est presque une déclaration d'amour !).

– Non, lui répondez-vous, ce n'est pas toi qui décides, on verra plus tard.

– Tu ne m'aimes plus ? Quelqu'un d'autre va me manger à ta place, je te préviens. Mange-moi en entier et après tu seras tranquille.

– Tu n'as pas tant de plaisirs dans ta vie, je t'en propose un et tu le refuses ? »

À vous de répondre :

« Ça suffit de me harceler ! Ce n'est pas l'heure du repas, je peux bien attendre.

– Puisque tu te conduis si mal, je ne te ferai plus entrer chez moi. Terminé, tu restes au magasin.

– Je regarde mon corps et je comprends tes fausses promesses de plaisir. Regarde où cela m'a menée. Je suis grosse, lourde, essoufflée, distendue de graisse. Je ne peux plus t'écouter sérieusement, j'ai mieux à faire ailleurs. »

Et vous faites la sourde oreille, et manger devient secondaire.

Apprécier les échecs, en tirer parti

Si vous êtes effondrée après un échec, si vous vous sentez coupable et découragée, cette fiche est pour vous. « L'échec est un mouvement », dit Jacques Lecoq, homme de théâtre. Cette affirmation peut vous apparaître comme une simple provocation ou comme une volonté de tout positiver. Il n'en est rien. Nous tirons plus d'expériences de nos échecs que de nos réussites. La réussite est si belle et si enivrante qu'elle peut sembler insurpassable. Elle est agréable mais paralysante dans son aboutissement : « On ne peut pas faire mieux. » Tandis que les échecs nous obligent à chercher d'autres voies pour avancer.

L'échec est utile pour connaître ses limites de résistance. Après un échec, vous savez localiser et nommer vos fragilités pour ensuite les soigner. Ce travail ne vous dispense pas d'apprécier également vos succès, de les mettre en lumière. L'hypnose va vous permettre de tirer profit de vos échecs autrement qu'en vous lamentant.

EXERCICE
Durée : 3 minutes

• Mettez-vous en hypnose (voir leçon n° 3 p. 108).

• Pensez à une situation précise que vous avez mal vécue. Attendez d'avoir vraiment en tête et en images un épisode d'échec dans votre comportement alimentaire. Par exemple, vous aviez l'intention de ne pas vous jeter sur un buffet de charcuteries ou de desserts, mais vos résolutions se sont envolées dès les premiers instants. Vous avez constaté l'échec et cela vous a énervée ou déçue. Votre réaction traduit une immobilisation, ce qui va à l'encontre de la formule « l'échec est un mouvement ».

• Restez en hypnose, faites défiler devant vos yeux les scènes et tous les détails de vous en train de manger de travers, puis faites-vous des reproches. Que ressentez-vous lorsque vous demeurez dans la plainte ? Probablement des signes de culpabilité, un malaise général, une tristesse ?

• Maintenant changeons de registre. Donnons à l'échec une autre teinte. Retrouvez les images du début et regardez-les dans l'intention de les résoudre tôt ou tard, de leur donner une issue favorable. Regardez les détails les plus fins de la scène pour trouver précisément là où vous avez été en difficulté. La culpabilité vous faisait fuir. Cet évitement vous empêchait de localiser avec précision les problèmes.

Chaque fois que vous vivrez une difficulté, observez-la en détail. Si vous avez cédé, ce n'est pas par manque de volonté ou de courage. C'est parce que la complexité vous a dépassée. Des éléments contradictoires ont brouillé votre prise de décision. Quels sont-ils ? Vous devez les chercher et les décrire. Exemple : vous n'avez pas osé refuser, vous vous êtes retrouvée comme une enfant devant des gâteries, vous avez suivi le comportement des autres personnes… Une fois mises en évidence les raisons de votre échec, passez aux exercices qui leur correspondent dans les fiches pratiques.

L'échec pointe les problèmes à résoudre. Il nous met en mouvement en nous éclairant sur nos limites. Il nous incite à lire et à relire ce livre. Ne vous laissez pas impressionner par un échec sinon il vous immobilisera. Utilisez-le comme un détective qui débusque les anomalies, qui montre ce qui était caché. Avant, vous aviez une réaction globale de découragement sans information précise sur les mécanismes à réparer. Maintenant, une fois passée la déception, vous vous mettez en hypnose pour que rien ne vous échappe et vous retrouvez le contexte, les gestes, les maladresses, les fragilités que vous pouvez noter dans un carnet avant de les aborder une par une. Les remèdes sont décrits dans ce livre, à vous de les appliquer de votre mieux.

Se réconcilier avec son corps

Lorsqu'une personne en surpoids se regarde nue dans un miroir, les sentiments qui lui viennent sont bien souvent la honte, le découragement, le dégoût. Il est difficile de modifier son comportement alimentaire avec une perception si négative de son corps accompagnée de colère ou d'agressivité. Il en va de même avec un enfant difficile de qui on ne peut rien obtenir sans la confiance, la patience et l'affection. Le discours habituel tient dans les propos suivants : « Faites-moi maigrir et j'aimerai à nouveau mon corps. » Nous savons que c'est l'inverse qui est vrai.

Il faut d'abord se réconcilier avec le corps pour mieux le guider et le protéger. Il est toujours possible et même recommandé de détester les graisses accumulées sous la peau par une série de maladresses – en provenance des autres et de soi-même. Mais le corps, dans ses muscles, ses os, ses tendons et ses viscères, qui souffre déjà d'une charge inutile, ne mérite ni critique ni haine. Il est victime d'agression directe ; il faut lui venir en aide.

La tentation alors est grande de se couper totalement du corps en décrétant que « tout va bien », « finalement, on m'aime comme je suis », au risque de perdre ce rapport au corps qui définit ses limites de résistance.

Pour rester présent à son corps et mieux en prendre soin, plusieurs exercices sont possibles.

La contemplation de son corps dans un miroir a pour objet la confrontation au réel. Avoir en tête l'image du corps regardé longuement dans la glace, non pas pour se culpabiliser ou se démoraliser, mais pour connaître, à chaque bouchée avalée, l'état du corps et de sa surcharge et ainsi réduire des apports superflus. La situation inverse est celle où la personne, oublieuse de son corps, est hypnotisée par la sensation de faim ou le désir d'avaler, de se remplir ou de mordre et s'y conforme docilement. La confrontation au réel dégrise ou détourne l'attention vers ce qui est vrai, important.

 EXERCICE
Durée : 1 à 2 minutes

• Commencez par la leçon d'hypnose n° 3 (p. 108).
• Puis visualisez votre corps tel qu'il est, soit mentalement soit en le regardant dans une glace en prenant le temps de vous mettre dans l'état hypnotique qui vient naturellement après quelques secondes d'attente patiente. « J'aime mes muscles, mes épaules, mes jambes, mes bras, mes veines, mon visage, mon ventre, mes

hanches, mais… je n'aime pas la couche de graisse qu'il y a dessus. »

• Profitez de l'exercice pour expulser la culpabilité, la honte et autres pensées parasites qui gênent le changement. Je vous rappelle que le problème des troubles alimentaires est un problème subi : il n'est pas de votre fait mais résulte d'un ensemble d'éléments d'éducation, culturels et sociaux qui ne relèvent pas de votre volonté mais d'une pression constante émanant de la société de consommation *via* l'industrie alimentaire.

Vous pouvez faire les exercices les yeux ouverts ou fermés, en étant simplement attentive aux détails de l'expérience, à leur résonance ; faites en sorte de ne pas être dérangée. Il est possible que des éléments personnels émergent et personnalisent les exercices de telle sorte que ce sera votre manière personnelle de résoudre les problèmes.

Visualiser son corps

L'autopalpation régulière du corps, y compris dans les zones déformées, précise l'image physique et prend note du volume et de l'épaisseur de la couche de graisse. Certaines personnes décident de serrer leur ceinture[1] d'un cran supplémentaire. La pression constante ressentie sur l'abdomen permet ainsi de rester en relation avec le corps et de sentir ses limites de remplissage. Les exercices seront pratiqués jusqu'à ce que vous remarquiez la persistance d'informations visuelles et tactiles en superposition constante comme sur une rétine fortement éclairée qui garde longtemps l'imprégnation. Chaque fois qu'il est question de manger, arrivent l'image et la sensation du corps qui établissent un juste lien entre le désir et le besoin.

Visualiser des clichés photographiques récents du corps en tenue de plage permet également de considérer la réalité du corps. Pendant cette visualisation, ne vous laissez pas aller à des émotions parasites. À chaque stimulation ou attirance vers les aliments, faim ou pulsions obsessionnelles, il est conseillé de sortir discrètement une photo de vous en maillot de bain et de la regarder le temps de réduire l'obsession, de vous éveiller à votre propre corps. Regardez cette photo, regardez la graisse accumulée sous la peau, regardez la souffrance d'un corps surchargé et cela sans aucun reproche, sans culpabilité, sans émotion. Cette confrontation à la réalité permet de quitter l'illusion d'un vide ou d'un manque. C'est le réel qui vous guide, et non plus la

---

1. Ce qui donne un nouveau sens à l'expression populaire « se serrer la ceinture ».

croyance selon laquelle le corps aurait besoin d'avaler. Le corps n'a plus ce besoin, il affiche « complet », comme le montre la photo.

Il est possible aussi de regarder régulièrement des photos d'avant sa prise de poids pour confirmer que la normalité existe et a existé, et qu'il est souhaitable et dans le domaine du réalisable de retrouver cet aspect physique.

Le rôle du sport

La pratique du sport relève du même exercice mais utilise un autre canal perceptif. Les informations ne sont pas uniquement visuelles, elles sont aussi kinesthésiques. Les muscles, les tendons, les os, les ligaments en mouvement envoient des messages au cerveau dans un contexte favorable où apparaît le plaisir de courir, de nager, etc. Cela suscite un processus de réassociation, de réconciliation avec la totalité du corps qui se meut, qui s'essouffle, qui souffre de ses limites et devient objet d'attention, de sollicitude.

La connaissance scientifique peut-elle vous aider à changer votre alimentation ?

Fruits et légumes contre cancer

Voici quelques informations sur le rôle protecteur et bénéfique des fruits et légumes sur les tissus du corps. Elles peuvent agir sur votre décision.

• Une consommation quotidienne de fruits et légumes peut réduire de 20 à 30 % le nombre des cancers. Ainsi la composition de nos repas contribuerait pour 40 à 60 % à l'apparition de tumeurs.

• Un tiers des cancers est causé par une mauvaise alimentation, annonce un scientifique québécois, le Dr Béliveau[1]. « Or, en adoptant une alimentation riche en fruits et légumes, on crée un environnement hostile qui empêche des microtumeurs de se transformer en macrotumeurs », a-t-il souligné. « La consommation de bonnes quantités de fruits et de légumes permet donc un équilibre entre les activateurs et les inhibiteurs du

---

1. Directeur du laboratoire de biologie moléculaire au centre de cancérologie Charles-Bruneau à l'hôpital Sainte-Justine, Québec.

cancer dans notre organisme. On estime qu'une personne qui mange de six à dix portions de fruits et de légumes par jour consomme de 2 g à 4 g de molécules phytochimiques bénéfiques. C'est énorme ! C'est l'équivalent de ce que l'on donne en chimiothérapie à certains patients. La différence, c'est que ces molécules, plutôt que d'être synthétisées dans les laboratoires de l'industrie pharmaceutique, sont synthétisées par des cellules végétales », a précisé le chercheur, qui projette de faire une cartographie du potentiel anticancéreux des fruits et des légumes. Fait intéressant, les plantes fabriquent ces molécules anticancers pour se défendre contre les insectes et les virus.

• Les fruits et les légumes sont utiles pour la prévention, mais aussi pour le traitement du cancer. En effet, toujours selon le Dr Béliveau, ils augmenteraient l'action des traitements de chimiothérapie et de radiothérapie. Au Québec, le cancer est désormais la première cause de mortalité devant les maladies cardiovasculaires.

• Un régime alimentaire riche en fruits et légumes réduirait les risques de cancer du poumon, selon une étude publiée dans le *Journal of the American Medical Association* (*JAMA*) en 2007.

• Les substances anticancéreuses contenues dans des aliments comme les épinards, les carottes, les brocolis, les fruits seraient les phytœstrogènes, des hormones d'origine végétale, ont expliqué les chercheurs du centre du cancer Anderson de l'université du Texas à Houston. La consommation régulière de ces mêmes fruits et légumes réduit le risque d'accident vasculaire cérébral et protège le côlon contre le cancer. La consommation régulière de tomates aurait également un effet protecteur contre le cancer de la prostate.

EXERCICE
L'hypnose-lecture

Lisez à nouveau tranquillement le texte ci-dessus et laissez-vous imprégner de ces vérités scientifiques. Il est possible que ces arguments modifient votre position et vous aident à mieux choisir ce que vous mangerez.

La science à votre secours ?

Pour donner de la force à votre décision.

Pour voir que vous n'êtes pas seule à vous préoccuper des maladies et du vieillissement.

Pour confirmer que votre idée de préférer fruits et légumes ne répond pas à un seul souci esthétique.

Pour comprendre que tout le monde devrait faire comme vous, quel que soit l'âge ou le poids.

Voici quelques vérités bonnes à dire.

Fruits et légumes contre usure et vieillissement

Les radicaux libres sont des composés produits naturelle-ment par l'organisme : 2 % de l'oxygène consommé donnent naissance à ces radicaux libres qui interviennent entre autres dans les mécanismes immunitaires en per-mettant de lutter contre l'invasion de bactéries ou de virus. Mais sous certaines conditions, ils peuvent être produits en excès et se mettent à dégrader les parois des cellules, les protéines ou l'ADN. Ils ont une action oxy-dante. À l'image de ce qu'ils produisent dans la nature (la rouille, le rancissement du beurre et les craquelures du caoutchouc ou des plastiques), les radicaux libres occasionnent au niveau cellulaire une perte de la fluidité et de la perméabilité membranaire, une modification de l'ADN (avec risque de mutation et de début de processus cancéreux), une diminution de l'activité enzymatique et une perte d'élasticité des tissus.

De nombreux états pathologiques sont liés à ce déséquilibre : athérosclérose, cancers, diabète, arthrose, vieillissement musculaire, pathologies veineuses et troubles microcirculatoires, infections, problèmes oculaires (cataracte, glaucome, dégénérescence maculaire), psoriasis, troubles cutanés [1]…

Les antioxydants sont des molécules, essentiellement des vitamines et des oligoéléments, qui annulent l'action des radicaux libres en excès dans le corps. Ils s'opposent donc à tous les problèmes énumérés ci-dessus.

À retenir

• Ce qui favorise les radicaux libres (toxiques) : la cigarette, l'alcool, les produits gras et sucrés, la charcuterie, la pollution et l'exposition au soleil.
• Ce qui favorise les antioxydants (bénéfiques) : tous les fruits et tous les légumes, les poissons et fruits de mer, les viandes non grasses, le thé. Le fameux régime crétois, riche en acide alphalinolénique (acide gras essen-

---

1. Informations recueillies sur les sites : www.doctissimo.fr et www.medecine-douce.com

tiel que l'on trouve dans les noix), est le modèle en la matière ; au menu : fruits, légumes (en particulier les tomates qui contiennent du lycopène), céréales, fromages et poissons, peu de viandes rouges et blanches, de l'huile d'olive et du vin rouge en quantité très modérée. Il apporte en quantité suffisante tous les antioxydants souhaités.

EXERCICE
Durée : 3 à 5 minutes

• Débutez par la leçon d'hypnose n° 3 p. 108.
• Puis visualisez votre corps fait de métal ou de caoutchouc. Attendez d'avoir vraiment la sensation d'être une figurine souple en résine ou un robot en métal chromé.
• Imaginez que vous êtes attaquée : sur votre peau, le soleil, la pollution et, à l'intérieur, les fritures, les produits gras, les viandes rouges, les sucres provoquent une corrosion. Ils craquellent la peau, les tissus. Des fissures et de la rouille apparaissent.
• Imaginez que vous vous défendez : visualisez-vous en train d'absorber les antioxydants qui sont comme une peinture protectrice contre l'usure et l'acidité. L'action des fruits, légumes, poissons forme une enveloppe qui protège le

corps des agressions du temps et des aliments toxiques. Illustrez selon votre goût les effets protecteurs bien réels des antioxydants, ainsi que l'action corrosive des radicaux libres.

Vous pouvez prolonger et valider ces exercices en mangeant réellement une pomme, une orange ou une tomate après un effort physique intense ou après avoir mal mangé. Ce geste a un effet réparateur sur le corps malmené.

Pour ressentir la satiété
ou
Contre le « remplissage » de l'estomac

À ceux qui absorbent de trop grandes quantités d'aliments sans que leur corps ou leur désir soit calmé : cette fiche est pour eux.

Pour retrouver la satiété, il nous faut modifier les croyances et sentir dans le corps la faim apaisée. Parmi de multiples thématiques, en voici deux sur lesquelles vous pouvez vous exercer. C'est votre corps qui, par ses réponses, décidera du bien-fondé de ces exercices.

Les croyances

À ceux qui disent : « J'ai faim ! C'est mon ventre qui réclame ! », je laisse Épicure répondre : « Ce n'est pas le ventre qui est insatiable, comme le croit la multitude, mais la fausse opinion qu'on a de sa capacité indéfinie. » Nous avions espéré que la faim, sensation naturelle, pourrait nous renseigner fidèlement sur la réalité des besoins du corps, mais c'était sans compter sur la pensée et les croyances qui peuvent simuler ou stimuler la faim, faire croire à une sensation de vide, de manque, et pousser une personne déjà en surpoids à se remplir encore et encore.

Si vous menez une vie quasi sédentaire, comme la plupart des personnes vivant en ville ou autour des villes, vos besoins alimentaires quotidiens sont minimes. Vous prenez le train, le bus, le métro, la voiture, l'ascenseur. Vous passez beaucoup de temps à piétiner, à gesticuler, à aller et venir ; mais cela ne représente au total que très peu de consommation énergétique. En d'autres termes, vous entamez très peu votre stock de graisse. Ce que vous interprétez comme de la faim est tout sauf de la faim. Il peut s'agir d'un rituel établi qui rythme la journée, ou du besoin d'une pause, d'une nervosité à calmer, ou d'une dilatation de votre estomac – mais pas de faim. Au cours d'une journée ordinaire, nous perdons de l'eau, des sels minéraux, des vitamines qu'il nous faut remplacer en absorbant des fruits, de l'eau, des légumes, quelques laitages. Vous n'avez pas besoin de plus de calories. Vous en avez déjà un stock considérable sous votre peau.

Donc, ce que vous appeliez la faim n'en est pas. C'est une sensation qui y ressemble et qu'il vous faut calmer, mais pas en mangeant (voir la leçon « Les vrais remèdes », p. 211).

La satiété dans l'œsophage et dans l'estomac

Souvenez-vous des premiers chapitres de ce livre. Si vous ne sentez pas la satiété ou si vous ne la sentez que tardivement après avoir rempli votre estomac en excès, c'est que vous êtes coupée de votre corps et de ses sensations. Je vous propose un exercice pour ressentir votre œsophage et votre estomac.

 EXERCICE
Pour devenir sensible à l'estomac et à l'œsophage
Durée : 5 minutes

• Commencez par vous mettre en état hypnotique en suivant les indications de la leçon n° 3 d'hypnose rapide (p. 108).
• Ensuite, portez attention à votre œsophage.
• Dans le haut œsophage, près du cou, là où nous avalons notre salive, là où nous disons avoir la gorge serrée lorsque nous sommes angoissés, il y a un anneau neuromusculaire, un plexus que nous allons stimuler. Faites quelques exercices de déglutition pour bien localiser cette zone. Vous pouvez aussi appuyer dessus délicatement avec votre index, comme pour vous empêcher d'avaler. Dans l'anorexie, cet anneau est souvent perçu comme trop serré et empêche toute ingestion d'aliments. C'est l'excès inverse. Mais entre trop ressentir et ne rien ressentir, il y a un point d'équilibre qui est simplement « ressentir ».

- Maintenant imaginez une pince à linge. Dans quelle matière la préférez-vous ? En bois ou en plastique ? Quelle est sa couleur ?
- Actionnez la pince, visualisez-vous en train d'ouvrir et de fermer la pince. Ressentez la pression entre pouce et index.
- Ensuite, ouvrez cette pince et refermez-la sur votre œsophage. Comment vous assurer que la pince est bien placée ? Facile. Il vous suffit d'avaler de nouveau votre salive. Si la déglutition vous paraît difficile, c'est que la pince est en place. Sinon, refaites l'exercice depuis le début.

Il y a un autre anneau neuromusculaire, un autre plexus dans le bas œsophage à l'entrée de l'estomac, que nous pouvons stimuler. Vous connaissez cette zone pour l'avoir souvent ressentie, c'est la zone de l'estomac noué avant un examen, quand on est amoureux, quand on souffre d'un stress important.

EXERCICE
Pour réveiller l'anneau à l'entrée de l'estomac
Durée : 5 minutes

• Imaginez à nouveau la pince et placez-la dans le creux à la pointe du sternum. Et attendez de ressentir une gêne.

• Imaginez une masse lourde dans votre estomac ou un spasme. Contractez vos muscles abdominaux pour faire pression sur votre estomac et, de nouveau, imaginez un poids, une lourdeur, une pesanteur, comme une indigestion, l'estomac « barbouillé ». Ces sensations ne sont pas très agréables. Vous pouvez en choisir d'autres.

• Imaginez un estomac fatigué qui a besoin de repos ; ou un estomac endormi qui se fait oublier ; ou un estomac léger qui prend plaisir à la vacuité.

• En dirigeant votre attention sur votre œsophage et votre estomac, vous bousculez la suprématie de la langue qui, avec ses papilles gustatives, voulait tout contrôler. Nous éveillons ensemble ces zones corporelles qui étaient endormies et silencieuses. Votre attention, désormais, est vive sur ces parties du corps et, dès les premières bouchées, vous les retrouvez. Vous avez un signal de satiété.

• Plusieurs fois par jour, portez votre attention sur l'œsophage et l'estomac pour les tenir en éveil en permanence. Dès que vous pensez à manger, retrouvez-les. Cette présence du corps vient concurrencer le désir, la gourmandise et l'avidité. C'est bien le corps avec ses sensations qui nous fait trouver la mesure.

EXERCICE

Question : chaque jour, avant de sortir de chez vous, vous avez besoin de savoir s'il faut vous habiller chaudement ou légèrement. Vous avez besoin de savoir s'il faut vous protéger du froid, de la pluie ou de la chaleur ou de la climatisation. Comment procédez-vous ? Vos réponses : vous ouvrez la fenêtre, vous écoutez la météo, vous regardez par la fenêtre et voyez comment sont habillés les passants.

C'est donc votre corps et ses sens qui vous donnent l'information. Le corps pose ses limites de résistance et vous en tenez compte pour vous habiller. En cas d'erreur, vous pouvez prendre froid, par exemple. Pour manger, ne cherchez pas dans votre tête. Cherchez l'estomac, la sensation de distension. L'accumulation de graisse montre que vous avez mangé au-delà de vos limites. Cherchez l'œsophage, appuyer légèrement dessus et attendez la satiété. Cherchez la mesure par le corps.

Devenir indifférente

Si vous éprouvez une passion dévorante pour les aliments.

Si vous êtes obsédée par l'idée de manger et fascinée par certains produits gras, sucrés, sans intérêt nutritionnel, cet exercice est pour vous.

Exemple : ce midi, vous déjeunez au restaurant et vous avez décidé de manger sainement. Vous vous installez à table. La serveuse apporte la carte et une corbeille de pain. Vous avez prévu de ne pas manger de pain. Les suggestions émanant de la serveuse et de vous-même ont déjà commencé leur travail de sape. Si vous allez dans la pensée voir ce que vous évoque le pain, vous êtes en danger. Le pain vous est familier, il vous rappelle les repas en famille, il est posé sous vos yeux, il est fabriqué pour être mangé. Le souvenir de sa saveur vous revient, etc. : vous allez craquer. Il vous faut quitter la pensée et trouver un regard froid, détaché, où chaque objet est observé sans émotion. Le pain vu avec l'émotion et la pensée fait revenir à la surface tous les souvenirs liés à cet aliment qui vous poussent à en prendre. C'est l'image du pain sans pensée, vu comme un objet sans histoire, sans passé, qui produit de l'indifférence et du détachement.

La pratique de l'hypnose est la seule approche qui permette ce regard sans pensée. Une tranquillité qui dépassionne et réduit à néant les obsessions. En attendant d'être experte, vous pouvez aussi demander à la serveuse du restaurant de retirer de la table la corbeille de pain.

EXERCICE
Durée : 1 à 2 minutes

• Mettez-vous en hypnose (voir leçon n° 3 p. 108).
• Laissez venir en vous une sensation de calme. Vous avez les yeux fermés ou, si vous préférez, ouverts sur un point au loin, dans le vague. Déjà votre visage a perdu toute expression.
• Peu à peu, vous devenez telle une statue impassible que rien ne dérange. Il est inutile d'en rajouter. Votre esprit non conscient sait très bien dans quel but vous faites cet exercice. Être indifférente pour dissiper les peurs : peur de manquer, peur de maigrir, peur de perdre et d'autres peurs encore qu'il est inutile de détailler.
Si vous vous sentez encore trop vulnérable et que la simple évocation de produits nocifs vous pousse à aller en acheter, ne faites pas cet exer-

cice de visualisation. Si, au contraire, cela ne vous semble pas périlleux, vous pouvez compléter l'exercice.

• Visualisez sous hypnose les substances toxiques dont vous aimez trop la saveur.

• Imaginez-les, là, devant vous, posées sur la table.

• Regardez-les avec froideur. Vérifiez que votre visage est calme.

• Mettez cette indifférence dans toute votre expression corporelle. Vos pensées sont inertes comme vos bras et vos jambes. Vous êtes en pause. Tout désir s'est effacé pour laisser place à l'indifférence. Vous êtes tranquille malgré la présence de ces substances.

Entraînez-vous à cette exposition pour mieux affronter les nombreuses situations où vous serez confrontée à ces produits. L'indifférence est un bon système de défense. Elle évite le conflit, la colère. Elle facilite le détachement. Vous savez que votre exercice est réussi lorsque, face aux produits qui vous tentaient, vous remarquez que toute salivation a disparu, que votre peur ou votre désir de les voir ou de les sentir a disparu. Vous savez vous en détourner sans effort.

Se dégoûter du sucré, du gras

Si vous craquez sans résistance face aux produits que l'industrie ou les humains fabriquent, allant jusqu'à en éprouver du plaisir, alors cette fiche pratique est pour vous. Toutefois, si vous savez vous arrêter à temps et ne manger que de petites quantités de ces aliments fabriqués, sans intérêt nutritionnel, alors inutile de chercher la perfection. Mais si vous avez perdu la mesure, les exercices qui vont suivre sont pour vous.

Le dégoût peut se porter sur la saveur sucrée lorsqu'elle est rattachée aux produits fabriqués. La langue et le corps font bien la différence entre le sucré naturel des fruits et des légumes et celui qui est introduit artificiellement dans des produits si peu alimentaires.

Une femme de 30 ans, comédienne, me dit qu'elle ressent tant de plaisir à manger ces produits hypercaloriques qu'elle envisage mal d'y renoncer. Elle ajoute : « Je voudrais en être dégoûtée ! » Je lui fais remarquer que c'est déjà fait. Elle ne comprend pas ma réponse. Cette jeune femme m'accorde que le plaisir qu'elle décrit est localisé sur sa langue et sur ses papilles gustatives. Si elle porte attention à d'autres zones corporelles telles que son foie, son estomac, ses articulations, elle reconnaît ne pas éprouver ledit plaisir. Donc le plaisir ne se manifeste que lorsque son attention est restreinte. La langue monopolise alors les « regards ». C'est la langue qui dit ce qui est bon et ce qui ne l'est pas. Elle seule décide du choix des aliments. C'est la dictature de la langue. La saveur est reine.

Est-ce que la saveur suffit comme critère de qualité et comme définition d'un aliment ? Il est probable que si la langue perd sa position hégémonique au profit des autres organes du corps, elle cessera d'être un guide. Par ailleurs, l'interview des autres organes révèle des sensations de dégoût.

EXERCICE
Durée : 5 minutes

• Sous hypnose (leçon nº 3, p. 108), passez votre corps en revue et interrogez les régions, les organes, les parties du corps qui souffrent de l'excès de poids, de graisse et de fatigue. Elles sont dégoûtées du trop-plein et des saveurs sucrées ou graisseuses. Avez-vous un souvenir d'indigestion après avoir mangé ces produits toxiques ? Une crise de foie, une digestion longue et douloureuse ?

• En contractant vos muscles abdominaux, la

pression augmente dans le ventre et pousse vers le haut comme pour vomir. Cherchez la nausée. Aidez-vous d'un souvenir d'indigestion.

• Dès qu'une nausée apparaît, faites le lien avec les produits toxiques. Par exemple, faites l'association chocolat-dégoût, ou alcool-nausées, ou charcuteries-écœurement. Vous pouvez préférer confiseries-lassitude ou déception. Laissez venir et s'installer un réflexe conditionné qui vous éloigne de ce qui vous a fait du mal. Vous êtes en train de vous gâcher le plaisir pour des produits toxiques dont vous aimiez la saveur mais pas les effets poisons. La saveur était un maquillage pour commercialiser et faire accepter le produit.

• Votre attention est désormais fixée sur la totalité du corps et surtout sur les parties blessées, dilatées, déformées qui vous poussent vers les fruits, les légumes, les poissons et quelques viandes blanches.

Entraînez-vous à la moindre occasion. Dès que vous serez devant un buffet, devant une proposition « malsaine », devant une carte de restaurant, une publicité ou une image en pensée, faites venir une petite nausée pour calmer votre avidité et retrouver le dégoût de ce qui vous fait du mal.

EXERCICE
Durée : 3 minutes

• Mettez-vous en hypnose (voir leçon n° 3 p. 108).

• Portez attention à votre langue et à votre estomac. Pensez comme il est agréable de manger : la langue ressent du plaisir, l'estomac est comblé. La tentation est grande de retrouver ce plaisir.

• Un plaisir décuplé est un plaisir multiplié par dix. Si l'on suit cette logique, il se produit une compulsion alimentaire effrénée. C'est pour cela que vous faites de l'auto-hypnose : pour échapper à cette logique.

• Portez attention à l'usure du plaisir sur votre langue, sur votre estomac. Vous avez déjà fait l'expérience que si l'on renouvelle plusieurs fois ce plaisir, il devient écœurement et lassitude.

• Vous n'avez plus envie de manger, de vous resservir alors que vous êtes déjà rassasiée.

Une femme de 65 ans me rapporte la technique qu'elle a mise au point. Elle goûte un petit morceau de fromage, puis un deuxième, mais pas de troisième. Elle imagine que le troisième, c'est du cholestérol. Cette femme a trouvé la mesure de son corps, ce qu'il est capable de supporter et d'apprécier. Au-delà, c'est de l'empoisonnement. Elle agit pareillement avec le chocolat : un carré, un deuxième, mais pas de troisième. C'est devenu une règle pour elle.

Avez-vous envie de vous approprier cette règle ? Si oui, utilisez-la jusqu'à ce qu'elle devienne un rituel, une habitude, un réflexe.

La fonte des glaces

Si vous consommez trop régulièrement des crèmes gla-
cées et en trop grandes quantités.
Si vous ne pouvez vous empêcher d'en acheter.
Cette fiche est pour vous.

En été, c'est bien connu, il fait chaud, donc il faut se
rafraîchir. Et pour cela, il y a les crèmes glacées. Sauf que
les glaces, malgré leur nom, ne rafraîchissent personne.
Le froid dure deux à trois secondes dans la bouche et la
forte teneur en sucres a plutôt tendance à provoquer la
soif. Faites davantage confiance à l'eau fraîche, aux gla-
çons et aux jus de fruits frais pour lutter contre la chaleur.
En hiver, les glaces, c'est un dessert original. Elles se
déclinent en de nombreux parfums. Elles sont belles à
regarder avec toutes ces couleurs et formes variées. Mais
si l'on s'intéresse à leur composition (hormis quelques
sorbets artisanaux), on trouve : des colorants, des conser-
vateurs, des arômes artificiels, du sucre, et on cherchera
en vain un intérêt nutritionnel. Toute cette séduction a un
seul but : vendre et vous faire acheter.

Un jour, une dame me parle de son attirance pour les
glaces et me dit comment elle s'en est guérie. Elle venait
de découvrir l'hypnose et sa pratique, ce qui lui avait
permis de mieux observer tous ses gestes. Un soir, devant

son poste de télévision, pendant qu'elle « attaquait » directement le bac de crème glacée, elle reçoit un appel téléphonique. Une fois raccroché le combiné, sa glace avait fondu. Elle la goûte et trouve le liquide très sucré. La disparition du froid avait fait perdre tout attrait à la glace. Elle avait trouvé son **déclic**. À chaque tentative, lui revenait cette sensation de liquide sucré mal cachée par le froid. Les crèmes glacées avaient perdu de leur charme.

Et vous, que pouvez-vous faire pour vous en défaire ? Faut-il laisser la glace fondre ? Ou vous faut-il retrouver le détail de la composition chimique qui ferait fondre votre envie ?

EXERCICE
Durée : 2 minutes

• Mettez-vous en hypnose (leçon n° 3 p. 108), puis imaginez devant vous ces desserts glacés. Si une attirance et une envie se manifestent, changez de registre et attendez une sensation différente.

• Laissez venir peu à peu un face-à-face impassible, sans désir ni émotion.

• Laissez venir ce qui doit venir, sans stratégie précise ; c'est votre chemin. Puisque vous voulez sincèrement vous en détacher, laisser venir cette possibilité. C'est votre création, votre façon à vous de régler ce problème. Restez tant qu'il faudra dans l'état hypnotique en attendant qu'une solution apparaisse.

• Recommencez l'exercice un autre jour si besoin.

Savoir dire non

Si l'un de vos problèmes est d'avoir du mal à dire non, cette fiche est pour vous.

Regardez votre corps. Tous les amas de graisse sous la peau représentent toutes les situations où vous n'avez pas pu dire non. Une envie à laquelle vous avez cédé, c'est un oui localisé dans la cuisse gauche, un dessert sucré que vous n'avez pas refusé, c'est un oui sous la peau de la fesse droite. L'accumulation de graisses représente autant de oui répétés. Vous êtes trop sympa, à la moindre sollicitation émanant des autres ou de votre pensée : vous dites oui ! Oui au restaurateur, oui à la publicité, oui à la maman, oui à vos amis, toujours oui ! Je suis (presque) sûr que d'une manière générale, vous avez du mal à refuser un service, une demande. Vous dites oui dans d'autres circonstances également.

Pour guérir, devenez moins sympa, dites NON, NON et NON ! Comme une enfant qui ferme la bouche en pinçant ses lèvres, ou un gamin qui aurait mauvais caractère et dirait non par principe à toute proposition malhonnête de produits toxiques. Devenez « la poupée qui dit non ». Jouez sur les contrastes :

• Avant ? toujours oui pour avoir la paix, pour faire plaisir, pour faire honneur, pour être une bonne fille, une bonne invitée polie, une bonne collègue, une bonne cliente qui apprécie tout ce qu'on lui donne à manger sans faire d'histoires.

• Maintenant : souvent non pour être libre de toute oppression, pour avoir votre mot à dire, pour décider vous et personne d'autre de ce que vous allez manger et refuser de manger.

EXERCICE
Durée : 1 à 2 minutes

• Mettez-vous en hypnose (leçon n° 2, p. 104 ou n° 3, p. 108) et visualisez les situations où vous disiez toujours oui.
• Mettez-vous face à une carte de restaurant, face à une collègue qui vous tend une boîte de chocolats, etc., et entraînez-vous à rester de marbre et à dire : « Non, merci ! »

Après avoir fait cet exercice, une dame me raconte : « J'ai imaginé que je n'allais pas coucher avec tous les hommes qui me sollicitent, je leur dis non et je me réserve pour mon mari que j'aime et qui m'aime. » Cette analogie a été décisive dans son changement d'attitude.

Dire non à soi-même

Examinez attentivement le mécanisme du désir. Vous êtes soit tranquille, soit occupée, soit en pause, quand tout d'un coup, une image jaillit de votre cerveau et s'impose à vous. Vous en avez peut-être compris l'origine : une image publicitaire, des mots dans une conversation, un énervement soudain. Quoi qu'il en soit, vous savez que si cette image ou cette pensée reste active encore quelques minutes, vous êtes perdue. Il vous faudra obéir à sa demande.

Imaginons que vous vous laissez faire par ce désir. Il grandit, il devient obsessionnel, il prend les commandes et vous oblige à l'assouvir. Quand il a pris pouvoir sur vous, vous ne pouvez plus rien. Vos possibilités d'intervention sont nulles.

Imaginons que vous avez décidé de résister à ce désir dont vous regrettez les conséquences. Vous avez souvent cédé et, d'expérience, vous pouvez dire que cela ne vous a pas rendu heureuse. Au moment où l'idée et les images se présentent à vous, il est encore temps d'agir. Qui a éveillé ces images ? Parfois, il vous semble qu'elles viennent de nulle part, elles vous surprennent. Vous n'y êtes pour rien. Parfois c'est vous qui les faites venir, pas pour souffrir, mais pour combler le vide ou dans l'espoir d'un bien-être.

Je vous propose un jeu entre une partie de vous et une autre partie de vous. Une partie de vous qui fait venir le désir et y succombe en lui disant oui. Et une autre partie de vous que ce jeu n'amuse plus.

 EXERCICE :
« Apparaître-Disparaître »
Durée : 3 à 5 minutes

• Mettez-vous en hypnose (leçon n° 3, p. 108).
• Attendez d'être tranquille, puis faites venir le désir de produits sucrés ou d'autres envies à l'aide d'images, de saveurs ou d'odeurs. Comment savoir que le désir est vraiment atteint ? Facile. Il déclenche une salivation.
• Maintenant à vous de jouer : annulez ce désir. Ne le laissez pas grandir ni s'installer.
• Observez comment vous vous y prenez pour l'évacuer. Il est possible que vous ne sachiez pas comment vous avez fait pour l'enlever, mais ce n'est pas grave, agir est plus important que comprendre.
• Si l'exercice vous a semblé difficile, refaites-le. Jouez et jouez encore à faire apparaître et

disparaître ces images de désir jusqu'à vous sentir habile et à l'aise avec ce jeu. C'est risqué, n'est-ce pas ? On suscite le désir et on craint de ne plus pouvoir le supprimer. Vous devez passer par cet apprentissage pour guérir et reprendre le contrôle. Mais rassurez-vous, vous avez tout le livre et le temps qu'il faudra pour y parvenir.

EXERCICE :
« De la transparence »
Durée : 5 minutes

Cet exercice est drôle et a beaucoup de succès dans le sens où il aide beaucoup de personnes qui l'utilisent régulièrement.

• Mettez-vous en hypnose (leçon n° 3 p. 108) puis imaginez que vos vêtements et votre peau sont transparents.

• À travers eux, vous voyez non pas les amas de graisse mais les faux aliments tels qu'ils étaient avant d'être avalés et transformés en graisse. Appliquez-vous à laisser se former cette hallucination. À titre d'exemple, vous sentez sous votre menton le gâteau mangé hier ; vous voyez plaqués sur le ventre et les hanches la charcuterie, la friture, l'excès de fromage.

• Prenez votre temps pour « voir » les produits même dans leur emballage disposés et juxtaposés sous votre peau. Vous ne pouvez plus distinguer les muscles ou les os, ils sont dissimulés derrière cet alignement de produits fabriqués que vous avez absorbés.

• De plus, vous ne pouvez pas dire que vous en manquez ou que vous en êtes privée puisque vous voyez ces produits, en bonne quantité, sous votre peau.

• Enlevez toute émotion, toute culpabilité. Gardez un regard froid et lucide, sans honte, ni reproche. Voyez simplement la réalité comme elle est, sans jugement.

Si cela vous aide, vous pouvez faire cet exercice avec toutes les personnes en surpoids que vous croisez. Affinez votre regard qui devient perçant et DEVINE en transparence sous les vêtements et sous la peau de vos voisins tout ce que leur corps n'a pu assimiler. Ces paquets de biscuits, ces flacons d'alcool, ces boîtes de chocolats, ces huiles et sauces stagnent indéfiniment sous leur peau en attente d'une décision qui tarde à venir.

La tomate vous soigne

Vous avez perdu confiance en vous ?
Votre moral est atteint ?
Vous êtes découragée ?
Vous n'avez pas assez d'attirance pour les légumes ?
Vous ressentez de l'avidité, une envie de vous remplir ?
Cet exercice est pour vous.

Avez-vous remarqué comme les produits toxiques vous attirent, vous donnent un peu de plaisir vite passé puis vous apportent de la culpabilité, des regrets, de l'amertume et de la tristesse ? Vous pouvez réparer tout cela en mangeant des légumes, par exemple. Si vous aimez les tomates cerises (vous pouvez bien évidemment choisir un autre légume ou fruit), je vous propose l'exercice suivant.

EXERCICE
Durée : 2 à 10 minutes

- Disposez deux tomates cerises devant vous.
- Mettez-vous en hypnose à l'aide de la leçon d'hypnose n° 3 (p. 108).
- Lorsque vous vous sentirez disponible pour

ressentir, prenez une tomate et commencez à la manger lentement, très lentement. Vous devez pouvoir décrire en détail la texture de la peau, la saveur et le passage dans la gorge puis dans l'œsophage.

• Ne lisez pas plus loin. Attendez d'avoir décrit en détail vos sensations.

Voici les témoignages fréquemment recueillis :

– c'est frais ;
– c'est croquant ;
– c'est sucré ;
– c'est acidulé ;
– la peau est ferme ;
– c'est juteux ;
– les graines craquent sous la dent ;
– le parfum reste dans la bouche ;
– la gorge, l'œsophage se dilatent au passage ;
– la fraîcheur est dans l'estomac.

• Arrêtez-vous un instant de la mâcher, de la broyer, comme un arrêt sur image, puis reprenez.

• Pendant que vous mangez cette tomate, je vous propose de ressentir sa composition. Elle a une peau qui la délimite, de l'eau, de la chair, des vitamines, des cellules, des sels minéraux, des fibres : elle est faite comme nous ! La tomate naît, se développe, grandit puis se flétrit, meurt et se décompose. Elle est vivante. Quand vous l'absorbez, c'est un peu de vie qui entre dans votre corps. Vous avez certainement des « morceaux » d'une autre tomate que vous avez mangée les jours précédents dans votre jambe ou dans la chair de votre joue rose, dans votre rétine ou dans votre cerveau.

• Tout ce qui la compose est entré dans la composition de votre corps. Vous êtes un assemblage de fruits, de légumes, de laitages et de quelques viandes, œufs et poissons. Ces éléments sont dans la puissance de vos muscles, dans vos os, dans vos tendons, dans votre matière grise. Tandis que corps gras et sucres sont sous la peau, dans la graisse. (Lorsque vous avez été malade d'indigestion, cela provenait rarement d'une salade de fruits ou d'un potage mais bien souvent d'un excès de graisses, de crèmes ou de fritures.)

Avez-vous remarqué qu'après avoir mangé un fruit ou un légume vous n'avez aucune culpabilité et aucun regret ? Je vous propose de ressentir la tomate cerise comme un médicament qui soigne vos artères, votre peau, vos défenses immunitaires et votre moral.

• Vérifiez que vous êtes toujours à l'aise avec votre imagination.

• Mangez maintenant la deuxième tomate cerise et attendez de ressentir son effet sur votre humeur. Elle vous fait du bien. Elle répare peu à peu les dégâts causés par les produits poisons. Ressentez sa présence dans votre entrain, dans votre rire, dans votre bonne humeur. Chaque fois que vous vous êtes sentie bien, elle y a participé, en compagnie des autres fruits et légumes qui vous ont procuré de la force. La couleur, l'harmonie et l'équilibre présents dans ces végétaux sont passés dans votre corps.

Prenez votre temps pour les ressentir, pour vous inspirer de la sagesse qu'ils contiennent. Ils ont pris à la terre juste ce qu'il leur fallait pour vivre. Ils n'ont pas d'avidité. Vous n'atteindrez jamais cette perfection, mais vous pouvez la ressentir puisque ces produits de la terre et des arbres sont en vous, dans votre chair. Laissez-vous prendre par cette sagesse, par cet équilibre. Les tomates soignent votre peur, votre inquiétude, votre culpabilité : elles soignent votre corps.

Tout ce qui vient d'être dit est vrai. C'est la vie qui est en vous qui chasse la tristesse et le découragement et cette vie provient des produits vivants que vous avez mangés. Elle est contenue dans l'eau, dans les fibres, dans les vitamines, dans les sels minéraux sans lesquels nous ne pourrions vivre. Cette vie, qui est en vous, provient du dehors. Si cela peut vous aider, ressentez-vous comme un végétal qui ne prend de l'extérieur que ce qui lui est nécessaire. Vous êtes blessée et empoisonnée lorsque vous absorbez des produits fabriqués ; vous êtes soignée et réparée lorsque vous absorbez la vie contenue dans les produits de la terre et des arbres.

Comme un arbre de Noël

EXERCICE

Durée : 1 à 2 minutes

• Utilisez la leçon n° 3 (p. 108) pour vous mettre en hypnose.

• Fermez les yeux et visualisez votre corps debout, décoré à l'extérieur de tout ce que vous avez mangé comme produits fabriqués ces derniers mois. Ils sont accrochés à votre peau comme des boules de Noël.

• Au lieu de « voir » les amas de graisse, imaginez les produits avant qu'ils soient mangés et digérés. Encore intacts. Sous votre menton est accroché un gâteau que vous avez mangé la semaine dernière ; sur vos hanches, à droite et à gauche, sont accrochées des barres de confiserie ou de chocolat, etc., jusqu'à ce que vous soyez comme un bel arbre de Noël, mais alourdi dans ses branches par de faux cadeaux, de fausses récompenses.

• Visualisez vraiment ce que vous avez mangé

ces derniers temps, en refusant la honte et la culpabilité.

• Ce qui est thérapeutique, c'est de voir la réalité comme elle est, sans chercher à moraliser ou à prendre de grandes décisions. Passez du temps pour simplement voir la réalité du corps.

• Étape suivante. Qu'allez-vous faire pour décrocher ces « boules de Noël » ? Une à une. Par exemple, si vous faites un dîner léger, c'est un vrai coup de ciseau qui décroche une boule. Si vous « sautez » un repas : deux boules. Si vous faites une séance de sport suivie d'une simple salade : trois boules.

Si cet exercice vous a fait rire, c'est tant mieux, l'heure n'est pas aux lamentations mais à l'action. Amusez-vous de vos déboires. Moquez-vous de vos fragilités. Divertissez-vous de votre silhouette difforme. Je vous encourage à l'autodérision parce que tous ceux qui ont essayé la culpabilité et la plainte ne s'en sont pas bien portés. Autant rire de nos maladresses et tout entreprendre pour les contrer.

Savoir jeter

Si vous n'avez jamais pu jeter un aliment toxique, cette fiche est pour vous.

(Si vous êtes étonnée que le mot « toxique » soit accolé au mot « aliment », c'est que vous n'avez pas lu les chapitres précédents. Si vous êtes gênée par un adjectif ou par une affirmation, notez-la, vous trouverez certainement la réponse dans un autre paragraphe ou dans une autre fiche pratique.) Si vous avez trouvé la mesure, si vous savez réduire les quantités, si vous savez vous arrêter à temps, cette fiche n'est pas pour vous.

Question : avez-vous déjà **jeté** des gâteaux, de la charcuterie, de la mayonnaise, des sachets de confiseries ?

Vos réponses : Non, impossible. On nous a tant appris à ne pas gâcher, à finir notre assiette, à ne rien jeter.

Moi : Ce que vous ne jetez pas, vous le mettez dans votre estomac ?

Vous : Oui.

Moi : Donc votre estomac est comme une poubelle où vous jetez le trop-plein et les nourritures toxiques. Est-ce que cette perception peut vous aider à changer ?

Vous : Jeter un aliment, c'est interdit quand on voit tant de pauvreté et de famine dans le monde.

Moi : Rassurez-vous, il n'est pas question de jeter des aliments, uniquement des produits nocifs. Ces produits gras ou sucrés ne sont pas des aliments. Il est possible d'en manger un peu, évidemment, puisqu'on en apprécie la saveur, mais beaucoup et quotidiennement finit par nous empoisonner. Vous pouvez donc jeter si vous craignez de tout consommer rapidement, en bref, si vous avez perdu la mesure.

Vous : Cela m'est déjà arrivé d'en jeter, mais je n'y arrive plus.

Moi : Si les produits fabriqués ont été remis sur leur piédestal, il est de nouveau impossible de les jeter. Vous pouvez vous entraîner à nouveau à les désidéaliser ; une fiche est prévue à cet effet.

Vous : Je trouve que cette attitude est extrémiste. Je ne vois pas l'intérêt de jeter.

Moi : Vous avez fait l'expérience de l'attachement à divers produits. Vous vous sentez parfois comme une droguée en manque. Vous avez trouvé anormal de vous lier à de prétendus aliments qui vous font du mal et qui vous font grossir. Cet exercice est un entraînement au détachement. Commencez par jeter ce qui vous semble facile : une fin de paquet de biscuits, les derniers carrés de chocolat, un reste de frites dans l'assiette, puis approchez-vous de produits plus sensibles, vis-à-vis desquels vous vous sentez plus fragile, plus tentée.

Vous : Si je jette, je crains de regretter et de me sentir frustrée.

Moi : C'est vrai qu'il y a un cap à passer pour pouvoir faire ce geste, mais sachez que je n'ai jamais vu personne le regretter. Le plaisir de manger des produits sucrés ou gras est un plaisir éphémère suivi d'un déplaisir. Le plaisir de jeter ces produits est intense, gratifiant et ne s'épuise pas dans le temps. Des années après, vous pouvez encore penser à ce geste et en être satisfaite : c'est une bonne expérience pour la confiance en soi. Vous pouvez vous appuyer sur ces expériences vécues pour vous remotiver.

EXERCICE
Durée : 1 à 2 minutes

• Mettez-vous en hypnose (leçon n° 3 p. 108) et, si vous avez déjà jeté, souvenez-vous de cet épisode et retrouvez-le en détail. Vous pouvez choisir n'importe quel élément : un surplus d'objets, un trop de vêtements, des friandises, des fausses amitiés, des mauvais souvenirs dont vous vous êtes séparée.

- Visualisez une poubelle et votre geste de prendre et de jeter.
- Retrouvez la sensation du détachement et, j'espère, le soulagement qui s'est ensuivi.

Une jeune femme de 37 ans, qui a fait l'expérience de l'hypnose, me rapporte son changement récent. Des amis lui avaient offert une boîte de chocolats. Elle en avait goûté quelques-uns et se voyait finir rapidement la boîte. Elle décide alors d'en jeter le restant. Elle les met dans la poubelle qu'elle descend aussitôt. Plusieurs fois dans la nuit, elle eut envie d'aller les chercher. Au matin, elle fut soulagée par le passage du camion de la voirie qui mit un terme à ses tentations. Je lui demande si elle a des regrets de les avoir jetés ; elle me répond que non. Aujourd'hui encore, elle ressent un réel soulagement de les savoir à la poubelle plutôt que dans son ventre. De plus, elle hésite désormais à acheter des chocolats ou des confiseries à ses amies qui pourraient lui reprocher de les mettre en difficulté à une époque où presque tout le monde a quelques kilos, voir plus, à perdre et une santé à préserver.

Faire tomber le sucré de son piédestal

Êtes-vous d'accord pour faire tomber de son piédestal tout ce qui vous a intoxiquée au lieu de vous nourrir ? Si oui, alors cet exercice est pour vous.

Le titre de cette fiche n'est pas limitatif. Il s'applique à tous les produits qui vous gâchent la vie mais que vous avez conservés malgré tout sur un piédestal.

Il est normal d'être attiré par un élément qui est valorisé en permanence. Si ce produit est vu comme une récompense ou un plaisir, il ne cessera de vous attirer. Ces phénomènes d'attachement et d'obsession ont été explorés par tous les chercheurs en philosophie, en sciences et en médecine. Le problème posé est le suivant : comment venir à bout d'une idée fixe ou récurrente ? Nous retrouvons ce thème pour le traitement de la dépression avec ses idées noires récidivantes et dans les addictions à différentes drogues. Pour parvenir au détachement, les méthodes sont aussi nombreuses que les modes d'attachement. La constante est de ne plus idéaliser pour ne plus convoiter.

Il est inutile de ressasser ce que vous savez déjà. Par exemple : « Je mange pour me calmer » ou « Je mange lorsque je suis trop stressée » ou « Le sucré est un tel plaisir... »

Tous ces produits ne sont que des promesses non tenues. Ils ne rendent pas heureux sinon les obèses seraient tous très heureux. Et au fond, vous le savez bien puisque vous lisez ce livre. Pour espérer une accalmie de vos obsessions, il faut banaliser les produits en question. Les remettre à leur place, c'est-à-dire déchus de leur piédestal.

EXERCICE
Durée : 1 à 2 minutes

• Mettez-vous en hypnose (leçon n° 3 p. 108).
• Visualisez un piédestal sur lequel repose une statue. Vous êtes debout devant elle et vous l'observez en levant la tête et le regard. Vous pouvez le faire pour de vrai (comme disent les enfants).
• Vous êtes debout comme au musée ou dans une cathédrale et au-dessus de vous sur une colonne sont placées des denrées. Ce ne sont pas des offrandes à un dieu. Elles sont le dieu lui-même à qui vous sacrifiez votre corps et votre vie.
• Attendez de voir tous les détails, comme ce

monsieur qui a voulu le faire vraiment en achetant des gâteaux qu'il a placés en hauteur telle une divinité, jusqu'à ce que le ridicule le frappe et l'envie de rire le prenne.

• Vous pouvez donc les laisser sur le socle pour saisir l'absurde de la situation, comprendre comme il est « déplacé » de mettre ces denrées en position de statue, de quasi-divinité. Vous pouvez aussi les faire tomber à terre et même plus bas que terre. Vous ne vous abaisserez plus à les ramasser. Vous pouvez aussi les saisir et les mettre à la poubelle.

• Ressentez ces aliments ainsi placés comme un sacrilège face à votre corps. Dans votre pensée même.

Cet exercice est à pratiquer chaque fois que vous vous trouverez en position d'adorer ou de désirer ce qui vous empoisonne. Beaucoup de personnes tenteront de remettre ces non-aliments sur le piédestal. La publicité va s'y employer également. Vous aurez donc souvent à refaire cet exercice pour retrouver la tranquillité.

Se projeter dans le futur

Si vous avez la curiosité de lire ce livre et que vous y trouvez quelque intérêt, cela signifie que vous êtes déjà en train de changer. Vous envisagez la possibilité de changer votre comportement et votre corps. Vous êtes dans l'anticipation du changement. Continuez sur votre lancée en vous projetant dans l'avenir.

EXERCICE
Durée : 3 minutes

- Mettez-vous en hypnose (leçon nº 3 p. 108).
- Pouvez-vous vous imaginer dans un corps plus mince, débarrassé, dégraissé, allégé ?
- Imaginez-vous à table le soir devant votre bol de potage au potiron : comment vivez-vous cette situation ? Visualisez cette scène jusqu'à ce que disparaisse tout sentiment de frustration ou de privation. Compte tenu de votre mode de vie qui est en général plutôt sédentaire, cette quantité d'aliments est nettement suffisante.
- Poursuivez la visualisation jusqu'à ce que le plaisir d'avaler ce potage se manifeste. Ce plaisir

est conforme à ce que le corps ressent. Le corps est réellement heureux d'absorber ce concentré de vitamines, d'eau, de fibres et de sels minéraux, le tout dans une saveur onctueuse.

• Refaites souvent l'exercice jusqu'à ce qu'il soit acquis. Pas d'acharnement, avec de la patience, et l'aide d'autres exercices, cela peut devenir très simple. Vous pouvez ainsi visualiser tous les moments difficiles de la journée tels que vous voulez les voir modifiés et les vivre par anticipation jusqu'à ce qu'ils soient bien acceptés.

Mireille, âgée de 22 ans, me dit qu'elle a grossi pour échapper aux regards de désir des hommes. Depuis qu'elle a grossi de 20 kilos, elle se dit tranquille de ce côté-là. Nous voyons là encore que le comportement boulimique a été installé dans une optique défensive. Je lui dis qu'il lui sera difficile de changer et de perdre ce système puisqu'il est défensif. Elle m'assure que sa vie affective a évolué et que ce réflexe s'est maintenu alors qu'elle n'a plus peur de plaire, d'être regardée.

Je lui propose donc un exercice que nous pouvons faire ensemble :

EXERCICE

Durée : 5 minutes

- Mettez-vous en hypnose (leçon n° 3 p. 108).
- Visualisez-vous mince comme avant.
- Puis sentez sur vous le regard des hommes que vous croisez ou que vous côtoyez.
- Ressentez comment vous vivez ces situations, comment vous les supportez.

Si vous devez modifier votre relation aux hommes, c'est le moment. Et on attend que votre perception se modifie favorablement. Nous attendons que les regards posés sur votre silhouette ne vous inquiètent plus. Au choix, soit l'indifférence, soit le sentiment d'être flattée. La patiente m'a répondu qu'elle prenait les deux et les utiliserait suivant les circonstances. Le barrage était levé, nous pouvons retrouver les exercices ciblés sur le comportement alimentaire.

Grossir, s'enlaidir pour échapper au désir est un comportement fréquent. Là encore, déformer le corps et lui enlever toute possibilité de séduire n'est pas le bon remède d'une souffrance bien réelle par ailleurs. Le soin consiste alors à trouver les bons, les vrais remèdes. Grossir était une solution pire que le mal. Si vous lisez ces lignes, c'est que le moment est peut-être venu d'aborder et de résoudre les problèmes liés à la sexualité et au désir. Et vous, quelles sont les peurs qui vous empêchent ou vous empêchaient de maigrir ? Quelles sont les peurs qui entravent la possibilité d'un vrai changement de votre comportement alimentaire ?

L'objectif idéal

Vous avez un objectif : maigrir. Souvent, vous pensez à ce que sera votre vie quand vous aurez maigri. Tous les avantages se présentent à vous et vous font rêver. Attention, danger ! Si le but à atteindre devient obsessionnel, si vous manifestez de l'impatience, alors, curieux paradoxe, vous serez de plus en plus maladroite. L'objectif sera par trop idéalisé, quittant la matérialité du corps pour la pensée.

Cet exercice est délicat. Il faut s'intéresser à l'objectif sans toutefois rester rivé dessus.

Question : comment fait-on pour rester mobilisé sur un objectif à atteindre, sans que cela « tourne à l'obsession » ?

Réponse : il faut y mettre du plaisir. Mettez du plaisir dans le plus de situations possible : acheter des fruits, des légumes, les préparer, les goûter, les aromatiser, les offrir, les mixer, les presser, les cuire. Plus il y aura de plaisir et de jeu, plus facilement l'objectif sera atteint. Si vous allez régulièrement à la piscine, ce n'est pas pour maigrir, c'est parce que vous avez plaisir à nager. Si vous achetez des légumes au lieu d'acheter des fromages et des charcuteries, ce n'est pas pour maigrir, c'est parce que manger des légumes est devenu un plaisir. Vérifiez que tout ce que vous entreprenez comme changement est teinté de plaisir, sous peine de manquer l'objectif.

La perfection, l'exigence dans vos règles diététiques doit aussi conserver la souplesse propre au sportif. Toutefois, il n'existe pas de règle identique pour tous. Pour certains, il faut accepter des écarts, des « fantaisies » alimentaires qui se corrigent peu à peu. Pour d'autres, une certaine rigueur est préférable suivant l'exemple du stoïcien Épictète pour qui « il est plus facile de retrancher certaines choses que d'en user modérément [1] ».

Observez bien vos penchants, vos fragilités, vos points forts vis-à-vis de la nourriture. Avec certains produits, il vous faudra de la fermeté pour les « retrancher », tandis qu'avec d'autres, il vous sera possible « d'en user modérément » sans qu'ils vous envahissent.

---

1. Épictète, *Lettres* 108,15-16.

Les vrais remèdes

Les problèmes

• Vous dites que vous mangez pour calmer votre stress.

• Vers 18-19 heures, après la fatigue et les contrariétés de la journée, vous vous mettez à grignoter ou à vider le frigo dans un élan incontrôlable.

• Vous mangez des sucreries pour combler votre solitude.

• Vous mangez pour éviter l'ennui, pour calmer l'attente.

Les solutions

• Si manger calmait durablement le stress, alors les personnes les plus obèses devraient être parmi les plus calmes et les plus épanouies ! Ce n'est pas vraiment le cas, n'est-ce pas ?

• Si les viennoiseries et le chocolat soignaient le chagrin et la fatigue, alors les personnes boulimiques et gourmandes à l'excès devraient être toniques et de bonne humeur !

• Manger, ce n'est pas traiter le stress, le chagrin ou la solitude. Manger c'est apporter au corps les aliments dont il a besoin pour vivre. Rien de plus, rien de moins. Et c'est un plaisir d'apporter au corps ce dont il a besoin. Si manger n'est pas un remède contre la tristesse ou l'anxiété, quels sont les vrais remèdes ? Mais, répliquent les personnes concernées, après avoir mangé du chocolat, je me sens mieux ! Certes, vous vous sentez mieux, mais pour combien de temps ? Quelques secondes ou minutes ; après monte un sentiment de culpabilité, on se sent nul et le moral s'effondre.

Alors, que dire de substances qui ont l'apparence d'un remède sans en être un ? Et qui, à l'inverse, apportent de vrais problèmes de santé ! Reconnaissons qu'elles sont trompeuses et que leur succès repose sur des croyances.

La sensation de mieux-être qui se produit pendant l'ingestion de biscuits au chocolat (par exemple) est de courte durée. Qu'est-ce qui produit ce mieux-être ? Si ce n'est pas le sucré lui-même qui apaise, d'où vient cette sensation de soulagement ? Elle a plusieurs origines fondées sur des croyances installées par l'éducation, la publicité : le sucré est une récompense ; la sensation de vide se calmera si je me remplis, etc.

Alors je pose à nouveau la question, quels sont les vrais remèdes ? Si une personne se sent mieux même temporairement en avalant des produits sucrés par exemple, cela est dû à la sensation de pause qui accompagne son acte. On se met dans un état second dès la décision d'acheter ou d'avaler ces produits. C'est cet état accompagnant l'ingestion qui calme la personne anxieuse. Mais les effets sont brefs car les substances ingérées ne sont pas celles attendues par le corps. Il y a tromperie. Le malaise réapparaît aussitôt après.

Et quels sont ces états bizarres où la personne se sent absorbée, ailleurs, absente à la réalité ? C'est l'état hypnotique. Les vrais remèdes sont contenus dans l'hypnose. Et il est possible de déclencher l'hypnose sans les faux aliments.

Comment pouvons-nous calmer nos sensations de fatigue, d'angoisse, de stress, de chagrin, de solitude, etc. ? Réponse : en pratiquant l'hypnose une, voire plusieurs fois si cela est nécessaire par jour, comme indiqué dans les leçons n° 1, n° 2 et n° 3 (p. 97, 104 et 108).

C'est le corps qui calme la peur, le deuil, l'ennui, le stress. Pour vous en convaincre, faites les exercices préventivement. N'espérez pas calmer une forte envie obsessionnelle de manger ou une forte impulsion de vomir par une séance d'hypnose immédiate. En pleine crise obsessionnelle, il n'y a de place pour rien d'autre. Entre les crises, vous avez le temps de faire les exercices d'hypnose qui apportent une façon différente de voir et de ressentir. Cette attitude s'installe progressivement et change radicalement votre relation au monde dans plusieurs domaines à la fois. C'est un travail en profondeur qui va raréfier vos comportements inadaptés.

Manger n'est pas le traitement du stress. La pratique de l'hypnose contient les vrais remèdes, à vous d'évaluer et de choisir ceux qui vont convenir à votre personnalité.

Être bien avec le vide

J'ai gardé le souvenir d'avoir lu dans la presse hebdoma-
daire, il y a plusieurs années, un récit-reportage d'une
journaliste partie au Tibet soigner ses accès de boulimie
avec vomissements. Elle s'était inscrite pour séjourner
dans un temple et faire de la méditation. Le contraste
était marqué entre l'hyperactivité d'une vie parisienne et
l'isolement d'un monastère tibétain. Après quelques
jours de grand découragement, emplie de détresse, elle
envisagea un retour anticipé en France. Puis elle se rési-
gna à attendre et sa pratique de la méditation alla en
s'améliorant. Elle avait pu accepter le vide, l'inoccupa-
tion, l'inutilité. Elle revint à Paris, guérie. L'article ne
disait pas pour combien de temps. Mais ce qui nous
importe, c'est de pouvoir isoler les éléments qui ont
contribué à l'arrêt des crises.

D'autres jeunes femmes souffrant de cette pathologie m'ont pareillement décrit leur mode de vie. Tout
était rempli dans leur vie et elles s'y employaient. Le
carnet des rendez-vous professionnels, les sorties, le
programme de chaque jour, les distractions, les amours
et leur estomac. Dès qu'il se profilait un risque de vide,
en fin de journée par exemple, les achats alimentaires
se déclenchaient aussitôt pour y pallier. Ce mode d'exis-

tence est un comportement appris. Il subit l'influence de la société actuelle qui veut emplir nos yeux d'images, nos oreilles de musique, nos armoires de vêtements, nos maisons d'objets, nos papilles de saveurs et nos estomacs de produits alimentaires. Le vide produit par le vomissement n'est qu'une attente du prochain remplissage.

Pour guérir, ces femmes se sont réconciliées avec le vide et l'ennui. Elles ont trouvé leur place. Si vous vous trouvez quelques ressemblances avec ces femmes, si vous ne supportez pas le vide, l'ennui ou le silence, faites les exercices suivants.

EXERCICE
Durée : 5 à 10 minutes

- Commencez toujours par vous familiariser avec l'hypnose en suivant les leçons d'hypnose (p. 97).
- Puis restez à ne rien faire et appréciez cette tranquillité.

Par la suite, si une sensation de vide apparaît (en fin de journée souvent), souvenez-vous que les aliments ne la comblent pas efficacement. Ressentez-le vide dans votre bouche, dans votre estomac, dans vos occupations et laissez-le tel qu'il est. Attendez de bien le vivre et de bien l'apprécier. Dites-vous que ce vide est réparateur. Il est une pause bien méritée. Avec les minutes qui s'écoulent, il vous devient familier et agréable. C'est un moment que vous laissez libre exprès pour favoriser votre imaginaire et votre créativité. En résumé, vous aimez le vide, l'indécision et l'aléatoire qu'il contient.

 EXERCICE
Durée : 2 minutes

- Entre deux bouchées, posez les couverts.
- Une fois avalée une bouchée, laissez la bouche vide un moment.
- Ressentez les saveurs qui sont encore là, qui deviennent plus amples en prenant leur place dans la bouche vide de nourriture.
- Quand vient l'appel du vide dans la bouche, en pleine journée, sans faim particulière, on peut essayer de retrouver des saveurs goûtées au repas précédent, de les faire revivre, pour profiter du vide de la bouche.

Vous pouvez choisir une autre attitude : vous dire que la sensation de vide était une fausse impression. De fait, il n'y a pas de vide. Observez votre corps, il est plein, et même il déborde de graisse. Regardez autour de vous : les objets, les bruits, les couleurs, la densité, l'épaisseur de l'air, l'agitation du monde... Il n'y a pas de vide, tout est plein. Votre pensée est saturée d'idées, d'images et de questions et votre corps est empli de tout ce que vous avez absorbé ces dernières années. L'exercice est inversé. L'objectif est de mettre fin au remplissage compulsif en ressentant que votre corps « affiche complet ». La couche de graisse est le trop-plein. Regardez longuement cette couche de graisse chaque fois que vous aurez la sensation de vide donc l'envie de vous « remplir ». Le vide est une illusion que l'on se crée involontairement pour calmer des peurs. Entre le monde et nous, nous interposons des éléments qui ont pour but d'apprivoiser le monde en le décorant d'éléments qui nous sont familiers. Ces éléments peuvent être à tour de rôle des aliments sucrés, de l'alcool, des vêtements soldés, des objets de décoration, etc.

En résumé, attendez de ressentir que la sensation de vide devienne un signe de sagesse ou de bonne santé. Ou à l'inverse, attendez que la sensation de vide s'annule d'elle-même pour laisser apparaître le trop-plein du corps.

S'adapter à un environnement hostile

Confucius admirait une célèbre cascade dont les eaux se déversaient après une chute vertigineuse dans un grand bassin. Ce lieu paraissait si hostile qu'aucun animal ne s'y risquait. Le regard de Confucius fut attiré par un vieil homme qui semblait pris par les remous et qui se débattait au milieu de l'écume du torrent. Inquiet pour cet homme, Confucius envoya ses compagnons le secourir. Mais, refusant toute aide, l'homme s'approcha du rivage et sortit de l'eau aisément. Confucius l'ayant rejoint hors d'haleine lui dit :

« J'ai failli vous prendre pour un revenant ! Mais je vois que vous êtes un être en chair et en os. Permettez-moi donc de vous demander quelle est votre méthode pour vous mouvoir dans l'eau avec une telle aisance ?

– Je n'ai pas de technique particulière, répondit l'homme, j'ai débuté dans l'originaire, puis cela m'est devenu une nature, enfin ma vie même. Je descends avec les tourbillons puis remonte avec les remous. Je m'abandonne aux mouvements de l'eau, abdiquant toute volonté. C'est ainsi que j'arrive à nager si aisément dans l'eau. »

Et l'homme ajouta : « Je suis né dans ces collines et j'y ai vécu dans mon élément, c'est l'originaire, j'ai grandi dans l'eau et je m'y suis trouvé bien, c'est la nature ; je nage sans savoir comment, c'est la vie même. »

Jean Lévi rapporte cette histoire dans son livre sur Confucius[1] en précisant qu'elle exprime parfaitement la pensée taoïste, fondement de l'adaptation au milieu. Pour ce qui est de l'analogie avec le comportement alimentaire, nous pouvons comparer les eaux du torrent en furie avec le monde violent où nous vivons où l'on nous propose, pêle-mêle, des produits nocifs et d'autres adaptés au corps, avec la tâche pour les humains de ne pas se laisser entraîner vers le fond et d'utiliser les courants ascendants bénéfiques des produits naturels qui nous sauvent de la toxicité et des maladies métaboliques.

Afin de survivre sur terre, nous devons entrer en relation avec ce à quoi nous sommes adaptés pour « tenir la tête hors de l'eau ».

Nous pouvons tous voir sur nous-même ou autour de nous l'image réelle et métaphorique ; être noyés dans la graisse ou, pour d'autres, noyés dans l'alcool jusqu'à l'étouffement.

---

1. Jean Lévi, *Confucius*, Éd. Pygmalion, 2002.

EXERCICE
Durée : 2 à 3 minutes

• Installez-vous confortablement et laissez s'écouler une minute maximum à « ne rien faire[1] ».

• Puis visualisez la réalité du monde qui nous entoure avec ses pièges et ses appels à consommer : publicité, cadeaux, spots télévisés, invitations, etc. Acceptez le monde tel qu'il est, sans vous plaindre et sans chercher à le changer. Il vous suffit de vous faufiler entre les obstacles comme le nageur dans la cascade.

• Ensuite visualisez autour de vous les aliments issus de la terre, des arbres, de la pêche et regardez-les tranquillement jusqu'à les considérer comme familiers, bénéfiques et adaptés aux humains : un environnement naturel dans lequel vous vous sentez bien, dans lequel vous évoluez simplement.

Refaites souvent l'exercice lorsque vous vous promenez au marché devant des étalages de fruits et légumes, lais-

---

1. Technique d'induction de l'hypnose proposée par Gaston Brosseau, hypnothérapeute à Montréal, publiée à Paris dans *L'Hypnose aujourd'hui*, In Press, 2005.

sez votre regard traîner longuement sur chacun d'eux. Laissez votre cerveau s'imprégner de ces images. Pas d'effort, laissez les parfums, les couleurs, les formes agir sur votre esprit et l'orienter.

Faire ses courses avec des œillères

Des œillères sont posées près des yeux d'un cheval pour restreindre son champ visuel. Il ne perçoit que ce qui est face à lui et cela lui évite d'être effrayé par des mouvements et des images latérales. Dire de quelqu'un qu'il a des « œillères », c'est dire qu'il n'a pas une vision large de la réalité, qu'il a une certaine étroitesse d'esprit. Si vous n'êtes pas encore à l'aise avec la réalité ; si vous vous sentez agressée et sollicitée par la profusion de produits toxiques, posez-vous des œillères. Allez au supermarché avec ces carrés de cuir (imaginaires) qui vous cachent les rayonnages à risque et vous évitent de les regarder. Ces œillères sont aussi votre force.

EXERCICE
Durée : 1 minute

- Mettez-vous en hypnose (leçon n° 3 p. 108).
- Visualisez-vous dans votre magasin d'alimentation habituel. Vous avez votre liste de courses dans la main ou dans la tête.
- Placez les œillères et entrez dans les allées.
- Laissez-vous diriger par vos objectifs et non

par les tentations placées tout au long du parcours.

• Faites en sorte que les œillères vous coupent aussi des pensées parasites.

Si cet exercice vous convient, prenez votre temps pour placer, tant que cela sera nécessaire, les œillères sur vos sens : la vue, le goût, l'odorat, l'ouïe, et sur votre pensée ; pour vous tenir hors de danger ; pour ne plus être malmenée, agressée par ce qui vous entoure. Si cela vous aide, reprenez à votre compte l'image du cheval qui suit tranquillement sa route dès que lui est cachée toute l'agitation de la ville. Vous avez donc le choix entre deux perceptions :

– une perception large qui vous donne à voir tout l'ensemble y compris les pièges et la façon de les déjouer ;

– une perception étroite qui restreint votre vision à ce qui vous est bénéfique et rien d'autre.

Résister à la tentation

Les confiseries nous sont présentées parées de nombreuses qualités : elles détiennent de l'énergie, elles sont faciles à acheter, à mettre en bouche ; leur nom évoque souvent le plaisir, le rêve ou la puissance. Comment résister à de tels messages ? Comment ne pas céder à la tentation de l'achat et de la consommation ?

EXERCICE
Durée : 2 minutes

• Évitez de laisser traîner trop longuement votre regard et votre pensée sur les produits toxiques et les fausses promesses qui les entourent, au risque de réveiller le désir.

• Détournez rapidement votre regard des images, des films publicitaires et de tout ce qui évoque les substances nocives. Les publicités pour vous inciter à manger sont très nombreuses à la télévision. Comptez-les et notez leur pourcentage. Pendant les fêtes de fin d'année, il est très élevé. Après avoir fait ce relevé, zappez dès qu'il s'en présente une.

• Vous serez tentée par les fruits et les légumes

si vous vous tenez proche d'eux physiquement et mentalement. Il faut donc les acheter, y penser, les prévoir, les savourer, les regarder souvent. S'y obliger au début, pour voir s'installer peu à peu des rituels, des habitudes qui prennent le relais.

Attardez-vous devant les étalages de primeurs au marché. Informez-vous de leur provenance. Composez une corbeille de fruits et une de légumes que vous pouvez laisser en vue sur une table ou un buffet.

• Vous serez en sécurité si vous vous tenez à distance des produits alimentaires transformés qui ne couvrent pas les besoins du corps. Ne plus en acheter, ne plus y penser, ne plus en parler, ne plus les regarder, ne plus en avoir chez soi jusqu'à ce qu'ils ne déteignent plus sur vous, jusqu'à ce que la contamination cesse. Jusqu'à ce que vous n'y soyez plus sensible. Ils vous deviennent étrangers. Ils vous laissent de marbre, indifférente.

Améliorer ses systèmes de défense

Après vous être détachée des produits toxiques et de l'obsession de manger, vous pouvez vous en protéger davantage en interposant une cloison. La compréhension intellectuelle d'un problème ne peut résoudre seule ledit problème. De nombreux patients consultent après avoir longuement réfléchi et compris les causes profondes de leur pathologie. Cette étape est parfois un préalable indispensable à une décision de changement. L'étape suivante utilise également la pensée, mais associée à l'ensemble des perceptions du corps.

Les aliments nocifs agressent la totalité de la personne dans un climat de complète insouciance. La personne est blessée par leur ingestion et ne se défend pas. Le foie, le pancréas, les cuisses, les artères, etc., sont malmenés sans réaction de la part de la victime. Cette situation évoque celle des personnes qui s'exposent au soleil pendant des heures, dont la peau brûle, se dessèche et se ride ; elles ne se mettent pas pour autant à l'abri.

EXERCICE
Durée : 2 à 5 minutes

• Mettez-vous en hypnose (leçon n° 3 p. 108).
• Puis visualisez une cloison interposée entre vous et les produits toxiques. Cette cloison peut être un mur, un écran, une barrière, une membrane, au choix, selon vos conceptions personnelles.

L'exercice doit être simple, même s'il paraît trop simple, presque infantile, cela convient parfaitement au but fixé qui est : ressentir la présence d'une interposition entre vous et ce qui vous agresse. Vous étiez exposée sans défense, vous voilà à l'abri, à distance.

Nota : Il peut y avoir une confusion si l'on considère que la couche de graisse représente cette couche protectrice alors qu'elle est l'élément toxique qui s'est incorporé comme un parasite. Pour vous débarrasser de cette confusion, reportez-vous à la fiche suivante.

La graisse, une couche protectrice ?

Si vous pensez que la graisse qui enrobe votre corps vous protège.

Si vous la percevez comme un système de défense, un bouclier ou un abri où il fait bon se réfugier, alors cette fiche pratique est pour vous.

Les oies sauvages, les canards qui doivent migrer sur des milliers de kilomètres se gavent jusqu'à accumuler une couche de graisse qui constitue une réserve d'énergie qui sera consommée au cours de leur périple. Le froid, les longues étapes sans prendre le temps de se nourrir, la fatigue musculaire viennent peu à peu épuiser leurs réserves.

Qu'en est-il pour les humains qui sont devenus sédentaires et dont le périmètre de marche n'excède pas un kilomètre par jour ? Pour les humains, la graisse sous la peau, c'est la maladie. Est-ce que cette affirmation vous aide ?

EXERCICE
Durée : 1 minute

Cet exercice comme les autres peut ne pas convenir à tout le monde. Essayez-le et vous saurez s'il est adapté à votre personnalité.

• Les yeux fermés, visualisez votre corps en différenciant bien ce qui est le corps proprement dit : peau, muscles, viscères, os, ligaments, et ce qui est comme un parasite installé sous la peau, le stock de graisse.

• Ressentez ces cellules comme étrangères, intruses, indésirables. Passez du temps sur ces perceptions pour balayer l'idée fausse de « couche protectrice » et imposer la réalité du corps qui souffre de devoir porter en permanence ces réserves inutiles.

ou encore

• Ressentez le contraste entre votre corps qui est sain, robuste et courageux, et la couche de graisse qui est la maladie. Peut-être pouvez-vous être aidée par des travaux qui ont montré que les pesticides de l'agriculture que nous avalons malgré nous sont stockés dans la graisse qui devient doublement poison ! Si vous lisez ce livre, c'est que vous avez décidé de guérir.

Attendez que la perception de la couche de graisse vous coupe l'appétit. Soyez patiente et refaites l'exercice tranquillement, sans insister, sans culpabilité. La maladie est clairement désignée. Attendez de ressentir si le lien se fait entre graisse et appétit coupé.

Supprimer un repas ou faire un dîner léger

Le manque d'activité physique, la sédentarité réduisent considérablement les besoins quotidiens en énergie. Si vous voulez maigrir rapidement et durablement, vous devez opter pour un repas léger le soir. À moins que vous ne soyez plus à l'aise en supprimant ce repas ?

Vos questions :

– vous avez souvent lu dans les livres de diététique qu'il ne fallait pas supprimer de repas ;

– vous n'en voyez pas l'intérêt si c'est ponctuel ;

– vous craignez de ressentir de la privation et de manger deux fois plus après.

Ma réponse : la suppression d'un repas est un exercice de détachement de l'obsession de manger. Modifier un rituel est un assouplissement qui permet d'autres changements. C'est le corps qui décide, pas les diététiciens, ni les médecins. Si le foie, le pancréas, la vésicule biliaire ont été surmenés, ils ont droit à une petite pause.

Alors ? repas léger ou suppression ? Choisissez ce qui vous est le plus facile. En pratique :

• Gardez un petit déjeuner normal comprenant un fruit et votre boisson préférée : lait, thé ou café.

• À midi, également un repas agréable qui comporte des fruits, des légumes et au choix œufs, poisson ou viande peu grasse.

• Le soir, vous pouvez soit supprimer le dîner, soit le réduire à un potage et un fruit ou, selon votre goût, une salade et un yaourt par exemple. Composez votre dîner en sachant qu'il doit être en relation avec votre activité physique. Peu d'activité signifie obligatoirement dîner léger.

Vous devez y penser tout au long de la journée et entrevoir ce dîner comme le traitement de votre excès de poids. Il représente le remède à vos erreurs alimentaires du passé.

L'instauration d'un repas léger le soir a beaucoup d'avantages :
– le sommeil s'en trouve amélioré ;
– disparition des aigreurs et autres acidités gastriques et régurgitations ;
– le volume de l'estomac diminue, permettant de ressentir la satiété ;
– le réveil est de meilleure qualité ;
– la perte de poids intervient rapidement ;
– les écarts alimentaires de la journée et des journées précédentes s'en trouvent atténués voire annulés.

EXERCICE
Durée : 1 minute

- Mettez-vous en hypnose (leçon n° 3 p. 108).
- Puis visualisez le projet. Il y a deux façons d'installer le dîner léger :
– une décision de dernière minute ; par exemple, vous êtes rentrée un peu tard, vous êtes fatiguée et c'est l'occasion rêvée d'aller vous coucher sans dîner. N'hésitez pas !
– une décision programmée : vous avez acheté un potage que vous aimez ou vous avez déjà préparé une salade de fruits à cette intention. Pensez-y comme on pense à une fête ou à un repos bien mérité.

EXERCICE
Durée : 3 minutes

- Mettez-vous en hypnose (leçon n° 3 p. 108) et entrez dans votre ventre.
- Attendez de ressentir la fatigue de votre estomac qui a tant travaillé sans un jour de repos.
- Passez ensuite à la vésicule biliaire, puis au pancréas, puis au côlon : ils sont irrités,

enflammés, trop sollicités : accordez-leur un peu de répit, ils ont mérité une pause. Si cela vous semble difficile, commencez par quelques heures de pause. Puis une soirée entière.

• Si vous n'y arrivez pas comme prévu, ne vous lamentez pas, attendez une meilleure occasion.

• Évitez de vous mettre la pression ou de vous lancer des défis. Tournez autour de ce projet jusqu'à ce qu'il vous paraisse facile, accessible.

Les « interrupteurs »

J'appelle « interrupteurs » tous les moyens et stratégies mis en œuvre pour interrompre les crises de boulimie ou les impulsions de manger sans appétit ou sans nécessité. Ils ont pour objectif de réduire les rituels d'ingestion et de calmer l'obsession vers les produits toxiques. Dans la démarche thérapeutique, il est recommandé de passer en revue les « interrupteurs » que vous possédez déjà, puis d'en ajouter d'autres qui complètent votre système de défense.

Pour mettre en lumière vos ressources, vous pouvez vous demander : Qu'est-ce qui, jusqu'à présent, vous a empêché de grossir davantage ou est-ce qu'il y a eu dans le passé des comportements d'évitement faciles ? Comment vous y preniez-vous pour vous détourner de l'acte de manger ou pour ne plus entrer dans une pâtisserie ? N'allez pas plus loin dans la lecture. Trouvez d'abord dans vos souvenirs une situation où vous auriez pu « craquer », mais où vous avez tenu bon. Fermez les yeux et retrouvez cet épisode d'un détachement facile, même si cela a été rare et vite détruit. Après avoir trouvé, poursuivez votre lecture. Voici une liste de quelques réponses fournies par les patients qui ont appliqué avec efficacité ces formules « magiques ». Ces phrases ont vraiment interrompu une crise ou une impulsion d'acheter ou d'avaler.

Je me dis que :
« *Ce n'est pas bon pour moi.* »
Après chaque énoncé, prenez du temps pour vous mettre en situation et répétez-vous l'interrupteur. Voyez s'il agit sur vous ; si vous le sentez adapté à votre caractère. Est-ce qu'il est utilisable chaque jour, et à quel moment ?

« *J'ai déjà tellement mangé de confiseries, de chocolat dans mon passé, je peux bien faire une pause.* »
Cet interrupteur plaît beaucoup. Il dit que la pause n'est pas définitive. Il évoque une convalescence, une diète provisoire que vous pouvez prolonger si vous y prenez plaisir.

« *Pas aujourd'hui !* »
Cette affirmation brusque peut se dire sous la colère ou la lassitude. Entraînez-vous à la prononcer à voix haute, puis basse. Elle désarme toute pensée perverse. Elle remet à plus tard les sollicitations. Cette phrase est défensive. Elle s'adresse à un entourage qui vous pousserait à manger n'importe quoi. Elle peut aussi rester intérieure pour annuler la formation d'images de tentations.

« *Chaque fois que j'ai souffert d'indigestion, la cause n'en était pas les fruits ou les légumes, mais bien plutôt les aliments gras, frits, crémeux ou trop sucrés.* »
Pour remettre à leur place les produits toxiques, c'est-à-dire dans la case des substances qui empoisonnent le corps.

« *J'ai déjà mangé des gâteaux, une tablette de chocolat et est-ce que cela a vraiment amélioré ma journée ? Est-ce que je peux dire que le jour où j'ai mangé ces produits sucrés, la journée en a été particulièrement réussie ?* »
Pour défaire l'illusion, la croyance aveugle.

« *Est-ce que j'ai gardé un bon souvenir de ces instants où j'ai mangé n'importe quoi ?* »
Pour quitter la pensée et poser votre attention sur le matériel et le réel. Il y a un décalage entre l'idée que vous vous faisiez du plaisir, de la récompense et la réalité où vous êtes assez déçue du résultat.

« *Je n'y renonce pas, mais j'en mangerai plus tard, plus tard…* »
« *Je n'en ai pas besoin en ce moment, je passe mon chemin.* »
Il est plus facile de différer l'obsession que de vouloir l'annuler totalement. En gagnant du temps, vous retrouverez un peu de tranquillité et peut-être que l'obsession s'en ira d'elle-même.

« *Je détourne mon attention vers une autre activité (sport, lecture...).* »
La substitution remporte beaucoup de succès. Lorsque vous êtes en activité professionnelle ou pendant vos loisirs, l'idée de vous remplir est moins présente. Vers quelle occupation pourrez-vous vous orienter le cas échéant ?

« *Trop tentée par les viennoiseries, je me suis fait interdire de boulangerie-pâtisserie.* »
« *Je ne joue plus à ce jeu-là, parce que je perds toujours.* »
Si vous vous sentez comme une droguée au sucré, il est parfois préférable de provoquer une rupture franche. Après quelque temps, vous aurez fait l'expérience que vous pouviez survivre sans. Ces phrases interrupteurs confirment votre fragilité. Vous suivez les décisions des autorités compétentes qui ont placardé votre interdiction de pénétrer dans ces « lieux de perdition », comme d'autres se font interdire dans les casinos.

Ces interrupteurs ne fonctionnent pas chaque fois. Choisissez et créer vos propres interrupteurs. Par leur multiplicité, ils ont une action de déconditionnement dont j'ai pu remarquer la réelle efficacité. Voici, pêle-mêle, d'autres interrupteurs qui sont autant de possibilités thérapeutiques.

Contre l'avidité de manger

« Dans les festins, il n'y a rien de plus déraisonnable que de vouloir tout pour soi, sans aucun égard pour les autres. Quand tu seras invité à un repas, souviens-toi de ne penser pas tant à la qualité des mets qu'on servira, et qui exciteront ton appétit, qu'à la qualité de celui qui t'a invité, et à conserver les égards et le respect qui lui sont dus [1]. » Épictète veut détourner l'attention de celui qui est invité. Il l'imagine focalisé sur les mets disposés sur le buffet ; prêt à être envahi par le désir. Cette attitude n'est pas digne. Il propose alors de placer l'attention sur la ou les personnes qui reçoivent. Par ce déplacement, l'invité perd son avidité et montre du respect envers elles. Le but de cette invitation n'était pas de nourrir des affamés, mais de réunir des amis pour faire circuler une joie et un plaisir à être ensemble.

Lorsque l'on reçoit une boîte de chocolats

Une femme me parle de son obsession du chocolat et de son inquiétude voyant les fêtes de fin d'année approcher. Je lui demande alors de s'imaginer en train d'en manger et de me décrire ses sensations. Elle insiste sur le plaisir et la saveur dont elle raffole. Elle me dit qu'elle se souvient aussi des goûters pain et chocolat de son enfance. Je lui fais remarquer qu'elle me parle

---

1. Épictète, *Manuel*.

essentiellement de sa langue et plus précisément des papilles gustatives situées sur la langue. On peut y ajouter une petite partie du cerveau qui se souvient du lien. Qu'en est-il du reste du corps ? Nous passons alors en revue les autres organes en remarquant qu'aucun d'entre eux n'est satisfait par le chocolat. Ses veines, ses artères, sa vésicule biliaire, sa rétine, son foie… nous n'avons trouvé aucun autre organe qui puisse l'apprécier. Et même, tous s'en plaignent. Elle était « hypnotisée » par la saveur sucrée et grasse, suivait la dictature de sa langue et d'une petite partie du cerveau, en faisant abstraction de la totalité de son corps. Nous avons donc convenu que si on lui offrait une boîte de chocolats, elle en garderait un pour les papilles gustatives, un second pour le souvenir, et que les autres destinés aux autres organes ne méritaient que la poubelle. Ce qui fut dit fut fait. Dès que l'occasion se présenta, elle se conforma à notre accord, elle jeta les vingt-huit chocolats destinés au côlon, à l'estomac, aux hanches, aux artères, aux muscles, etc., heureux d'être épargnés… et en garda un qui fut fort apprécié par la langue, puis un second pour la nostalgie.

Une autre femme me dit que sa « technique » à elle consiste à se dire que c'est le troisième chocolat qui « fait du mal ». Les deux premiers sont pour le plaisir, au-delà, et dès le troisième, les éléments toxiques apparaissent. Cette façon de penser lui permet de s'arrêter et de mettre un terme à son envie : l'agréable se transforme en désagréable dès un certain seuil. Le troisième chocolat, s'il était consommé, gâcherait le plaisir des deux premiers. Si vous aimez cette approche, n'hésitez pas à vous l'approprier.

Une obsession de chocolat

L'obsession du chocolat s'est construite progressivement depuis l'enfance. Elle est l'exemple type du conditionnement alimentaire. Les industries puis la société l'ont installé dans le groupe des produits à consommer et à offrir. L'adjonction de beurre et de sucre a enlevé l'amertume naturelle du cacao. Un excès de chocolat apporte un excès de corps gras et de sucre. Un excès de cacao irrite le côlon et entraîne de la constipation, des ballonnements, parfois des saignements.

Question : nous lisons régulièrement dans la presse des articles vantant les effets positifs du chocolat sur la santé. Moi qui en mange une à deux tablettes par jour, je devrais donc être en bonne santé et cela n'est pas le cas, j'ai douze kilos en trop.

Réponse : le cacao est censé contenir une substance tonifiante avec un effet amphétaminique. Mais les recherches ont montré que cette substance est en si faible quantité dans le cacao qu'il faudrait en manger onze kilos par jour pour avoir cet effet énergisant ! Récemment, un article[1] (paru dans le *Journal of the American Medical Association*) affirme que le chocolat

---

1. Publié le 4 juillet 2007 par le Dr Dirk Taubert, Cologne.

noir réduit la pression artérielle et la coagulation sanguine et augmente le débit sanguin cérébral. Mais ces effets bénéfiques sont observés avec une consommation très modérée, à savoir deux carrés maximum par jour. Or le problème le plus répandu est de ne pas avoir de limites. Le bon dosage n'est pas respecté, alors vous vous exposerez aux effets secondaires dus à une surconsommation. Ce qui nous intéresse, c'est : Comment guérir d'une obsession ?

EXERCICE
Durée : 2 minutes

Vous pensez : « Là, à cet instant, j'ai envie de manger ou j'ai une envie de gâteau, ou de croquer du chocolat », que faire ?

• Prenez trente secondes de pause pour vous dire ou pour visualiser que vous avez déjà mangé une tablette de chocolat il y a peu de temps, et qu'il est inutile, impossible et écœurant de récidiver. Vous n'allez pas en manger deux à trois par jour ! Cet exercice se fait par une distorsion du temps. Sous hypnose, le temps s'étire et se raccourcit à volonté.

• Reprenons. Le désir vous prend à nouveau. Je propose : « *J'ai déjà mangé de ce gâteau (ou cette confiserie) il y a une demi-heure* », « *Je ne vais pas en manger toutes les heures »*, « *Je n'ai pas été privée toutes ces années et, de plus, j'en ai déjà mangé ce matin, je le sens encore dans mon estomac »*, « *Là, en ce moment précis, je suis dans le même état qu'après en avoir mangé ; il ne m'en reste rien, ni la saveur ni le plaisir. »*

• Vous vous placez juste après l'ingestion et, en vous appliquant, vous pouvez ressentir l'aliment dans l'estomac. Il fait comme un poids. Et vous pouvez penser à tous ces produits sucrés ou gras mangés ces dernières années. En vous concentrant bien, il n'y a aucune différence entre il y a une heure, hier, avant-hier ou il y a six mois. Il n'en reste rien d'autre qu'un amas de graisse sous la peau.

Vous pouvez ajouter :
« *C'était excitant d'en manger, mais cette fébrilité obsessionnelle retombe et me voilà après la crise ; plutôt déçue et sans désir ; et j'ai la satisfaction de ne pas en avoir réellement mangé. Je suis soulagée. »*

Changer les étiquettes

Un aliment est fait pour être mangé. Il exprime donc à lui seul une suggestion : « Mangez-moi ! » Comme si une étiquette placée dessus rappelait en permanence sa finalité. L'aliment est aussi porteur d'une saveur et d'une place bien précise définie par la société qui le reconnaît. Alors, nous pouvons dire qu'il est porteur de nombreuses étiquettes qui réalisent à elles seules une force suggestive qu'il convient de défaire. Les étiquettes placées sur les produits manufacturés disent selon les cas : récompense, fête, plaisir, bien vivre, cadeau, etc.

Mais l'organisme humain dit : charge inutile, maladie, cholestérol, indigestion, graisse, tromperie, malentendu, autant de nouvelles étiquettes vraies que je vous propose de placer sur les aliments pour les voir tels qu'ils sont et vous en détacher.

Les fruits et les légumes peuvent également bénéficier de mentions descriptives : santé, vie, plaisir, maigrir, soulagement, guérir, etc. Ces étiquettes placées mentalement sur ce qui est vu dans une vitrine ou un rayonnage sont des contre-suggestions qui établissent une image vraie des aliments et permettent une modification des liens d'attirance.

Une personne venue consulter à propos de son surpoids me rapporte son expérience. Elle a fait l'exercice suivant. En passant devant son traiteur habituel, elle a remarqué des étiquettes qui indiquaient le produit et son prix. Avec son imagination, elle a modifié le texte des étiquettes :

– avant, en regardant la mayonnaise, les pâtés, les gâteaux, elle voyait fête, saveur et plaisirs de la vie ; maintenant, elle voit écrit sur les petites étiquettes en carton plantées dans les produits : obésité, fatigue, déception, fausse joie. Cela lui suffit pour passer son chemin sans regret. Ces changements d'étiquettes l'ont soulagée d'un dilemme quotidien.

Garder la méfiance à long terme

Si vous avez peur que les effets de l'hypnose ne durent pas, qu'ils soient passagers.
Si vous craignez de devoir toujours faire attention.
Si vous voulez savoir comment agir sur le long terme.
Cette fiche est pour vous.

Une jeune femme, préoccupée par son poids, me disait un jour : « Mais alors, il faudra toujours faire attention ? » Je sentais sa détresse et son découragement à devoir toute sa vie surveiller son alimentation. Il m'est alors venu l'image d'une personne qui traverse la rue avec prudence. Je lui fais part de cet exemple qui lui a tout de suite convenu et que je donne également aux anciens fumeurs qui ne veulent pas rechuter.

EXERCICE
Durée : 2 minutes

• Mettez-vous en hypnose (leçon nº 3 p. 108).
• Imaginez-vous devoir traverser une rue.
• Ressentez la vigilance qu'il vous faut pour cet acte complexe et quotidien. Regardez le flot des voitures, les signalisations, les feux, la tentation

> d'arriver vite de l'autre côté de la rue. Puis la simplicité de gestes réflexes qui ne nous demandent plus aucun effort. Avez-vous remarqué que vous n'attendez ni encouragements ni compliments après avoir traversé cette rue ? Puis faites le parallèle avec l'alimentation.

Puisqu'il y a tant de produits toxiques en vente, il nous faut donc maintenir la méfiance en permanence, comme pour traverser la rue. Un faux pas peut nous causer une blessure. Personne ne se plaint de devoir toujours se méfier avant de traverser la rue ! Sauf de temps à autre où nous regrettons le flot dense de véhicules qui polluent et encombrent notre ville.

La vigilance est la même. Une somme de réflexes. Dès que vous voyez une affiche ou un spot publicitaire vantant un produit fabriqué : un recul. Dès que vous entendez parler d'un produit gras ou sucré : impassibilité et indifférence ou même surdité.

Entraînez-vous quotidiennement. Compte tenu du harcèlement de la pub, des amis, de la famille et des vitrines, vous ne manquerez pas d'occasions pour perfectionner votre méfiance. Et n'attendez pas d'encouragements ou de compliments !

Rédiger des fiches mémos

Question : Je sais que tel produit me fait du mal, mais lorsque je me trouve devant, j'oublie tout et j'en prends de nouveau ! Évidemment, ensuite, je le regrette.

Réponse : Préparez des fiches sur lesquelles vous marquerez les désagréments que vous avez constatés après avoir mangé les produits transformés par l'industrie.

Exemples de fiches mémos :

- Je suis toujours déçue après avoir mangé du sucré.
- J'ai souvent essayé de manger des gâteaux, mais cela n'a pas embelli ma journée, ni mon corps.
- Je supprime le grignotage.
- Je ne rapporte plus à la maison biscuits et glaces.
- Les fritures me causent de la fatigue, etc.

Exemples : une dame me dit que chaque fois qu'elle mange du chocolat, le lendemain, elle est constipée, une autre me dit avoir du sang dans ses selles, une autre dit que cela lui provoque des aigreurs à l'estomac. Un monsieur dit qu'un repas trop copieux et gras le fatigue et l'oblige à faire une sieste, ce qui le handicape dans son travail. Et vous, que ressentez-vous dans des cas semblables ?

Si vous avez remarqué des signes digestifs gênants ou un état général altéré après l'ingestion de ces produits fabriqués, écrivez-les sur une fiche bristol que vous pourrez consulter de temps à autre (par exemple : « Les frites m'alourdissent l'estomac. Trois heures après en avoir mangé, je les ressens encore dans mon ventre. ») Ce rappel régulier vous déconditionne des habitudes que votre éducation ou la société de consommation vous avaient données.

Rédigez une dizaine de fiches cartonnées sur des fragilités récurrentes que vous avez observées. Ajoutez quelques fiches sur le plaisir ressenti de manger des légumes, du poisson, de la volaille, des fruits. Rangez-les dans votre sac à main ou dans votre serviette et relisez-les en dehors de toute urgence, pour rester en contact avec cette réalité. Attendez tranquillement que votre cerveau fasse le travail en profondeur. Un jour, vous en remarquerez les effets. Moins d'obsession et plus de facilité pour choisir du potage, une salade, une compote de pommes, des œufs durs, du poulet…

Question : Où est l'hypnose là-dedans ?

Réponse : Les mauvais choix résultent d'une suggestion autoritaire émanant de l'environnement qui nous focalise sur des produits vers lesquels nous nous dirigeons sans discernement. Tels des automates, nous refaisons les mêmes gestes programmés de l'extérieur.

L'hypnose que nous pratiquons, associée aux fiches mémos, ouvre notre espace, nous fait voir la réalité et nous permet une action de contre-suggestion. Elle nous donne plus de liberté.

Le singe gourmand
ou
Sortir du piège sans effort, ni volonté

Toute ressemblance avec les humains ne serait que fortuite... Les humains conçoivent des pièges sournois destinés aux animaux et qui décrivent bien le problème alimentaire et sa résolution. Dans des régions du nord de l'Inde, la chasse aux singes repose sur des éléments d'observation : les singes sont curieux et gourmands.

Pendant plusieurs jours d'affilée, les chasseurs se rendent dans le territoire des singes et placent dans des écuelles des boulettes de riz sucré. Les singes les goûtent et se disputent cette gourmandise quotidienne dont ils apprécient la saveur. Au cinquième jour, les boulettes sont placées dans des nasses tressées en bambous et attachées à un piquet. Les boulettes de riz sont visibles au travers de la vannerie, les singes y glissent leur main pour les saisir, mais ne peuvent ressortir la main pleine. Les mailles sont calculées pour ne pas laisser passer un poing fermé.

Lorsque les chasseurs reviennent, les singes tentent de s'enfuir mais ne peuvent ni ne veulent ouvrir la main. La corde reliée au piquet les retient. On a excité leur curiosité et leur gourmandise avec ces boulettes de riz et ils se font prendre faute de vouloir les relâcher. Ils veulent se sauver, mais ils veulent aussi les boulettes sucrées et ne parviennent pas à choisir. Ils sont bloqués par la perversité du piège, ce qui n'est pas sans rappeler ce que disent les gourmands obèses : « Je sais que cela me fait du mal mais je ne peux y renoncer. »

La réponse à ce type de piège est invariable. Il est dans la nature même du singe d'être dépassé par la complexité de ce piège. Nous ne pouvons pas nous moquer des singes qui se laissent prendre à ce piège grossier, puisque les humains se laissent prendre pareillement quand ils saisissent des produits sucrés, alcoolisés. Ils savent mieux que les singes qu'ils vont en être malades, blessés, humiliés, alourdis, ils les saisissent tout de même et ne peuvent les relâcher.

Il est parfois possible pour le singe de relâcher.

Question : quelles possibilités voyez-vous pour le singe de se sortir de ce piège ?
Ne vous précipitez pas pour lire la suite. Essayez d'abord d'imaginer vos propres réponses avant de lire celles qui suivent.

Vos réponses :
– il voit passer une femelle qui le détourne du piège ;
– il casse le piège de bambou ;
– on lui fait peur ;

– on lui montre d'autres boulettes de riz à l'extérieur ;
– il finit par renoncer.

En réalité, il est rare que le singe puisse s'en sortir par lui-même parce que le piège est tendu par une autre espèce animale que la sienne. Il est toutefois possible de conduire une expérience en laboratoire pour voir apparaître les ressources du singe. Si le chercheur place une banane à distance du piège, il arrive, dit-on, que le singe finisse par quitter des yeux sa main emprisonnée pour fixer le fruit. Il se désintéresse alors des boulettes sucrées, se désengage du piège. Il va se saisir du fruit et s'enfuit pour le déguster. Pour sauver sa vie, il lui a fallu porter son attention ailleurs, cesser d'être obsédé par la récompense sucrée. Là nous pouvons dire que le fruit lui a sauvé la vie.

Avez-vous remarqué que la volonté n'intervient à aucun moment ? Il n'y a aucune notion d'effort. Pire, les efforts n'ont fait qu'aggraver le serrage du poing dans la nasse. Il y a eu détournement d'attention. J'affirme que tous ceux qui lisent ces lignes ont déjà le regard posé sur autre chose. Ceux qui ont le regard fixé trop fortement sur l'alimentation n'ont pas idée d'un traitement et n'ont pas la force de lire ce livre et de s'y intéresser. Vous, lecteur, lectrice, pourriez-vous dire plus précisément sur quoi vous avez posé votre regard ?

Que regardez-vous ? Une image différente de vous ? La force, le plaisir de dire non ? Une rupture avec les automatismes du passé ? Une lassitude du remplissage ?

Mettez-vous à la place du petit singe ! Êtes-vous prête à relâcher ? Un peu, beaucoup ? Tous les produits toxiques ou quelques-uns ? Et pour saisir quoi ? Vous êtes en train de changer de comportement, quels sont les petits changements que vous avez repérés et qui vous font différente ?

Passez du temps sur chaque question pour la visualiser et pour y répondre vraiment. Puis mettez en œuvre ce que vous avez trouvé et décidé.

EXERCICE
Durée : 5 à 10 minutes

• Mettez-vous en hypnose (voir leçon n° 3 p. 108).
• Focalisez votre attention sur votre corps, et relâchez soit une main, soit un pied, soit les mâchoires. Choisissez ce qui vous convient le mieux.
• « Relâcher » signifie se défaire de quelque chose, sortir du piège, avoir la main vide, avoir trouvé mieux que la nourriture.

Vous pouvez vous identifier au petit singe et trouver les gestes à faire pour retrouver votre liberté.

Profiter d'une période de vacances, d'une cure, d'un séjour à l'étranger

Le traitement de vos troubles du comportement alimentaire pourrait débuter dans un cadre différent du cadre habituel. Beaucoup de personnes font état de leurs difficultés à modifier leur alimentation et leurs habitudes dans leurs conditions de vie actuelles. Il est possible de profiter d'une période de vacances, lorsqu'elle s'accompagne de dépaysement, pour mettre en place de nouveaux modes d'alimentation. Ce qui nous attire dans les voyages et les vacances, ce sont les changements d'objets, de décors, de gestes qui nous obligent à porter davantage attention à ce que l'on fait. Pour quelque temps, la routine a disparu. Il y a de l'étrangeté, de la nouveauté qui attirent notre attention et modifient notre présence à ce qui nous environne. Ce temps d'adaptation nous fait vivre dans l'instant. Finis, les actes réflexes d'où l'on est absent, la tête ailleurs. On est vraiment à ce que l'on fait et cela empêche de penser, de ruminer. Cet état est de l'hypnose ouverte. Cette période est favorable à des changements de comportement.

Citons ici l'initiative d'un centre thermal qui propose à ses clients de débuter ou de renforcer leur amaigrissement en pratiquant des séances d'hypnose de groupe. Ces séances d'hypnose font partie intégrante d'un programme de remise en forme comprenant des massages, de la gymnastique, de la natation, des bains d'algues. Toutefois, il est possible de vivre tous ces soins dans une totale passivité et de ne rien en tirer comme enseignement. Pour éviter ce travers, l'hypnose est proposée comme une sensation d'exister orientée vers des modes d'alimentation différents. La relation au corps est facile à retrouver pendant un massage, une douche ou un enveloppement d'algues. Le corps réapparaît avec toutes ses souffrances mais également avec toutes ses ressources.

Mode d'emploi

Si vous avez l'opportunité de faire une cure et l'envie d'améliorer votre comportement alimentaire, voici quelques éléments qui peuvent vous aider à aboutir.

• Ce qu'il ne faut pas faire : s'endormir pendant les soins thermaux, penser à ses soucis, se laisser masser comme un paquet de linge, attendre passivement que ça se passe, critiquer le matériel, gémir contre le personnel, penser à la facture…

• Ce qu'il faut faire, avec l'aide de l'hypnose : rester présente, porter attention à vos muscles, à vos articulations. Utilisez chaque contact de votre corps avec l'eau, avec les mains de la masseuse, avec les emplâtres de boues pour ressentir ce qui va et ce qui ne va pas, mais sans vous faire aucun reproche. Localisez les couches de graisse, l'enrobage inutile, les distensions de certaines zones au niveau du ventre, des cuisses, des hanches, du menton et ressentez cela comme la maladie dont vous voulez guérir. Utilisez ces perceptions pour vous couper de vos excès d'appétit. Considérez d'une part l'excès de graisse et, d'autre part, attendez de ressentir une gêne dans votre estomac ou de l'écœurement. Vous n'aurez pas de tranquillité avant d'avoir fait partir ces amas de gras. Le combat est engagé.

• Après la cure, si l'on désire en prolonger les effets, il est conseillé de faire quotidiennement les exercices, en suivant les conseils donnés et, éventuellement, en s'aidant de ce livre.

Fiche personnelle

Si vous avez sélectionné des exercices qui marchent bien sur vous.

Si vous avez inventé ou imaginé d'autres exercices simples et efficaces.

Vous pouvez les inscrire en bas de cette page, ce qui vous aidera à les retrouver plus facilement en cas de besoin.

Vous pouvez aussi me les envoyer[1] ainsi que vos témoignages, vos expériences. Me dire ce qui a été décisif pour vous. J'ajouterai les nouveaux exercices et « interrupteurs » à la liste existante et je transmettrai l'ensemble à toute personne qui veut maigrir et qui cherche le déclic par l'hypnose.

---

1. Sur le site www.hypnose-medicale.com

Témoignages

Éric

Éric, 20 ans, veut expérimenter l'hypnose pour l'aider à maigrir. Il pèse 115 kilos. Il consomme beaucoup d'aliments sucrés, des pommes de terre rissolées, de la mayonnaise et du Coca-Cola. Il n'aime pas les légumes et préfère les pizzas. Ses amis le considèrent comme le « gros » sympathique de la bande. Il se souvient de la première question que je lui ai alors posée : « À quoi êtes-vous prêt à renoncer ? » « À tout ! » m'avait-il aussitôt répondu.

Après cet entretien, je lui propose de faire l'expérience d'une séance d'hypnose. Il s'installe bien volontiers et ressent très agréablement cette séance. Je lui propose sous hypnose de retrouver une forte attirance pour les fruits et les légumes et une répulsion pour les fritures et les corps gras. Après cinq séances à dix jours d'intervalle chacune, nous espaçons les rendez-vous à une fois par mois. Pendant ce temps, il poursuivra des études universitaires en sciences politiques qu'il réussira brillamment. Il modifie progressivement mais pas radicalement son alimentation et perd 10 kilos en trois mois. Il a exclu mayonnaise et sodas sucrés. Dans les mois qui suivent, son poids se stabilise autour de 100 kilos. L'année suivante, avec toujours un rythme d'une séance par mois, il perd encore 10 kilos sans, dit-il, avoir ressenti d'effort ou de privation.

Il arrive ainsi progressivement à 80 kilos et éprouve la joie de séduire, d'entamer une vie sexuelle, ce qui augmente sa confiance en lui. Son comportement alimentaire n'est pas parfait, mais il est exemplaire dans sa détermination à ne plus se laisser envahir durablement par des produits nocifs. Tout écart n'est que temporaire et finalement lui apparaît assez décevant.

Lorsque je le revois sept ans plus tard, Éric n'a pas regrossi, il observe lui-même qu'il y aurait bien encore quelques kilos superflus et se trouve satisfait de savoir écarter les produits sucrés ou gras qui lui empoisonnaient la vie et le corps. Il s'était posé, en cours de traitement, quantités de questions telles que : comment ses amis, dont il était le copain « gros » sympathique, allaient-ils recevoir son changement corporel, son changement de statut ? Comment les filles pourraient-elles passer du regard amical à un regard de désir amoureux ? Et comment lui-même allait-il accepter et assimiler cette nouvelle image de son corps ?

Il constata que faire l'expérience à travers l'hypnose de tous ces changements constituait un début de réponse à ces questions. Il avait vécu la soumission à certains rituels, « dans une imitation paresseuse de la tradition[1] ». Il a imposé un nouvel état de fait, « en se souciant de la connaissance de ce qui est universel et nécessaire[2] ».

---

1. Hegel, *La Philosophie de l'esprit*, 1817.
2. *Idem.*

Trois ans plus tard, il vit avec une amie. La vie de couple lui plaît, il est heureux mais il lui semble plus difficile de tenir ses consignes alimentaires dans son nouveau mode de vie. Il décide de faire régulièrement des séances d'autohypnose, chez lui, pour contrer plus facilement les sollicitations émanant de ses proches et de ses amis.

Béatrice

Tout changement de comportement contient des éléments magiques et mystérieux qui ne laissent personne indifférent. Comment et quand une personne décide-t-elle de changer radicalement sa façon de s'alimenter ? L'histoire qui va suivre témoigne de cet aspect complexe et mystérieux du changement et nous décourage de comprendre vraiment les éléments de la guérison. Il semble que le changement résulte d'une attente longue mais toujours pleine d'espoir et du traitement par l'hypnose d'une obsession.

Béatrice nous décrit les changements apparus après l'hypnose : « Je suis diabétique insulino-dépendante et, dès le diagnostic de cette maladie, je me suis mise à manger des aliments sucrés et gras dans des quantités de plus en plus importantes, en fait je suis devenue boulimique et, ne me faisant pas vomir, je grossissais de plus en plus. Par conséquent, mes glycémies étaient mauvaises voire catastrophiques. Il s'agissait d'un lent mais efficace suicide… Je n'ai jamais fait de régime car mon problème était plutôt d'ordre psychologique, j'avais une relation difficile avec la nourriture. Quand je n'étais pas bien et ce sans arriver à comprendre ce qui n'allait pas, je pouvais avaler facilement sept pains au chocolat et plusieurs chaussons aux pommes en un quart d'heure…

Un ami de fac, il y a des années, m'avait dit que pour arrêter de fumer il avait eu recours à l'hypnose. À l'époque je me souviens d'avoir beaucoup rigolé. Cependant, après une séance, il avait arrêté de fumer totalement, sans être stressé. Après sa séance, nous sommes restés en contact pendant cinq ans, il n'était jamais retourné consulter et n'avait jamais refumé, il n'en ressentait pas le besoin et l'odeur de tabac l'écœurait, il était heureux d'avoir enfin décroché. De mon côté, mon problème de boulimie durait depuis huit ans et en repensant à cet ami je me suis dit que ce serait pour moi peut-être une solution. Mais vers qui me tourner ?

À la même période je suis tombée sur un article qui traitait de l'hypnose médicale et de ses résultats sur les troubles du comportement alimentaire. Je me suis reconnue au travers des témoignages : beaucoup de tentatives pour arrêter ces crises en fait incontrôlables, du coup beaucoup de culpabilité, de plus en plus de kilos en trop, donc de plus en plus de crises. Je me suis dit que s'il existait une solution à mon problème, ce ne pouvait être que par l'hypnose. En même temps, je ne croyais pas au fait qu'une personne puisse être hypno-tisée, pour moi c'était de la rigolade. Eh bien, j'avais tort… Je n'ai pas de souvenir de la séance d'hypnose, et à la fin de celle-ci je ne me suis pas sentie différente, tout était comme avant. Cependant, le lendemain, j'ai constaté que c'était la première fois depuis huit ans que je n'avais fait que trois repas dans la journée, première fois aussi que j'ai ressenti la sensation de faim, sensa-tion perdue car quand on est boulimique on a toujours le ventre plein…

Mes repas étaient devenus très équilibrés mais sans que je me force, c'était devenu naturel, je n'avais pas besoin de me forcer ni d'y penser. J'étais attirée par les fruits et les légumes et je n'avais aucune envie des ali-ments gras et sucrés avec lesquels je me gavais deux jours plus tôt. Le bonheur ! Je me sentais délivrée d'un poids énorme. Je poursuivais mes séances. J'avais l'impression d'avoir retrouvé le contrôle de mes pulsions alimentaires et en fait je n'en avais plus. J'étais enfin sortie de la boucle ! Sans y prêter attention, j'ai perdu 6 kilos le premier mois. Mon comportement alimentaire est très différent, j'ai à nouveau le souci de mon appa-rence et de ce avec quoi j'alimente mon corps…

Je ne cherche pas la perfection, mais j'évite les ali-ments gras et sucrés. Lorsque j'en mange, je ne culpa-bilise plus (cela m'évite d'en manger davantage), je l'accepte et je me dis que cela n'a rien de grave et que tout va rentrer dans l'ordre dès le lendemain et c'est ce qui se produit. Aujourd'hui mon alimentation n'est plus un souci, c'est pour moi devenu quelque chose dont je suis détachée, ce n'est plus une obsession. Je suis enfin sereine, le vrai bonheur. »

En résumé, pour vous qui lisez ces lignes, continuez de rassembler du savoir, des exercices, des lectures et des sensations. N'attendez pas un effet immédiat et radical à chaque tentative. Observez comment s'en vont obsession de manger et résignation, et laissez venir sans culpabilité de nombreuses expériences mais aussi des échecs et puis quelques progrès. Cette accumulation d'éléments variés va finir par former un mélange détonnant qui emportera la décision. Ce livre est conçu dans ce seul but : vous pousser à faire tant et tant d'exercices qui modifient vos croyances pour trouver la formule magique. Pour vous faire envie, mais surtout pour décrire un processus de changement, voici un autre témoignage.

Sandrine
Sandrine, musicienne, raconte par courriel son expérience d'hypnose.

« Je ne peux pas vous dire ce que je ressens depuis mes exercices d'hypnose. Je suis désaimantée, je suis libre, je suis heureuse, sans angoisses, sans compulsions, sans privations, un nouveau regard sur les légumes, une attente du repas sereine, un regard froid

sur les aliments "plutôt déconseillés". J'ai vécu un cock-
tail au Salon de la musique, regardant les charcuteries,
les fromages, sans aucune émotion... Comme si on
m'avait anesthésié une partie du cerveau, celle qui dirige
mon comportement depuis vingt bonnes années... Je
suis un peu apeurée, je regarde tout ça avec l'émer-
veillement d'une enfant de huit ans devant un tour de
magie, craignant qu'il ne lui faille se réveiller... J'ai vécu
l'hypnose avant et après avec beaucoup d'émotion. Je
dois dire que j'espérais beaucoup de cette tentative, et
que j'ai pris très à cœur ce moment.

J'ai tenté de toutes mes forces de me rapprocher de
mes sensations, et je me suis sentie merveilleusement
guidée dans ce parcours. Je dois dire qu'en ce qui me
concerne, incarner un organe en souffrance, ou encore
"parcourir du regard" les organes souffrant de trop de
poids, organes pour la plupart silencieux, me fut assez
douloureux. Il est vrai que j'ai compris que j'avais abandonné 90 % de mon corps. Après des années de
régimes, de diététiciens, d'efforts de volonté, de pèse-
personne et de frustration, j'ai ressenti pour la première
fois qu'on parlait à des êtres humains normaux, en
souffrance, qu'on me laissait la liberté de "vivre ou non
cette expérience", la première fois qu'on me disait que
même si notre main ne sortait pas du piège[1], notre

---

1. Voir Fiche n° 40, « Le singe gourmand », p. 253.

regard à tous était déjà tourné vers ailleurs, que le chemin était déjà commencé.

Vous êtes le premier à nous "croire", à admettre que la volonté puisse ne pas suffire, à nous respecter dans notre addiction. Je me sens nouvelle, je me sens "légère", je me sens débarrassée d'un conflit permanent, je ne me sens plus dépendante du regard des autres, plus coupable… J'ai peur que ça revienne, que ce soit fragile un jour ou l'autre. Je redoute d'entendre quelqu'un pour qui ce ne serait pas la même révélation que pour moi. J'ai peur que ça détruise la nouvelle place que je viens de trouver !.. Je me sens tellement fragilisée dans ce nouveau regard... »

Deuxième courriel trois semaines plus tard :

« Oui, je me sens toujours aussi libre. Je vais essayer de vous donner les phases par lesquelles je suis passée depuis mon dernier mail. Jusqu'à ce que je reçoive votre réponse, j'étais "un peu anormalement" délivrée, dans le sens ou je ne voyais même plus les aliments "plutôt à fuir". Une sorte d'euphorie fruits et légumes, un attrait vers le rayon dans lequel (tout à coup) tout semblait s'éclairer (je précise qu'avant il y avait pour moi une piste d'aéroport entre un chou dans le rayon et ce même légume dans mon assiette) ; maintenant, je trouve quelques idées et surtout je me fais plaisir avec soupes et purées toutes faites.

Puis j'ai eu un souci personnel et ce fut la fin immédiate de ma tranquillité, je ne sais si je me suis mise à angoisser, mais il a fallu que je retouche à une tranche de pain, voire une de saucisson qui était dans le frigo. Le restant de l'après-midi, j'étais découragée. Et puis le lendemain, "je m'y suis remise" ou plutôt non. C'est ça qui est magique, je n'ai plus à m'y "remettre". Les choses étaient comme la veille, un peu d'écœurement pour la charcuterie, le fromage et toujours un bonheur de retrouver les aliments "sains". La (petite) impasse de la veille n'était que souvenir, je m'étais redonné le droit de pouvoir me faire "plaisir" dans une certaine mesure. C'est cette façon de me "donner le droit" qui a changé. Surtout le fait que je ne doive plus de comptes à personne. Bien sûr que je n'en devais pas, mais de façon certaine, je ne me sens plus reliée par cette compulsion, je me sens libre de choisir, et de refuser. La phrase : "Vous direz que vous digérez mal en ce moment" m'a donné toutes les libertés.

Depuis je vais donc bien, vous ne pouvez pas savoir à quel point. Je me dis tous les jours que je suis libre, je respire avec d'autres poumons, je n'ai jamais eu de ma vie cette sensation et je dois dire que je la cherche depuis toujours.

Je vais vous raconter quelque chose aussi. Quand j'étais en hypnose, j'avais "matérialisé" dans ma tête ce qui me retenait prisonnière en une bête féroce.

Peut-être allez-vous rire, mais je l'ai vue partir. Pendant la séance, je lui ai demandé de partir, je l'ai vue s'éloigner, avec tendresse, j'ai été capable de me séparer d'elle. J'espère que vous me comprenez. En même temps dans ma tête je voyais des vagues qui nettoyaient des plages, et cette bête qui s'en allait. Je sais qu'elle n'est plus là, je sais qu'elle n'est pas loin quelquefois, mais qu'on s'est comprises. Je vous en prie ne vous moquez pas, je vous dis ce que j'ai vécu avec la même confiance que celle qui m'a amenée à l'hypnose. »

Troisième courriel cinq mois plus tard :

« En ce qui concerne mon propre comportement alimentaire, je pense pouvoir dire que plusieurs mois après certaines choses ont définitivement changé, notamment ma culpabilité et le fait que je me sentais jugée et observée quand je mangeais. C'est terminé ! Merci pour ces exercices d'hypnose qui m'ont permis de savourer plus régulièrement des fruits et des légumes. Je suis bien plus attentive maintenant à la sensation de satiété et... je vais beaucoup mieux ! »

Conclusion

Les solutions aux troubles du comportement alimentaire ne nécessitent ni effort ni acharnement, mais un changement de position. Les problèmes autour de l'alimentation ne disparaissent pas grâce à la volonté ou grâce à une meilleure compréhension de ces problèmes.

Paradoxalement, ils disparaissent par un désintérêt nouveau. Il n'y a pas de solution à des systèmes pervers. Pour sortir d'une impasse, il suffit de se transporter ailleurs. Les exercices d'hypnose servent à ouvrir votre espace et à vous permettre d'être différents. Quelle nouvelle attitude, quelle posture, quelle nouvelle sensation va vous permettre de vous éloigner de ces problèmes qui vous dépassent par leur perversité ?

Une fois le déclic trouvé, la question qui revient le plus souvent est : « Pour l'instant c'est facile, mais faudra-t-il que je fasse toujours attention ? » La réponse est oui. Il faudra toujours garder la méfiance.

Cela ne tient pas à vous mais à votre environnement. La société occidentale dans laquelle nous vivons est très opposée, dans sa législation et dans ses traditions, à la consommation de drogues. De fait, il y a, statistiquement, peu de drogués en Europe. Elle est moins active contre le tabac et l'alcool. Il y a donc plus de fumeurs et d'alcooliques. Elle est encore moins active contre la mauvaise alimentation, ce qui entraîne une véritable épidémie d'obésité et de troubles métaboliques.

En attendant que les politiques prennent la mesure de ce problème de santé publique (ce qui est en train de se produire), c'est chacun pour soi. Vous pouvez subir ou vous pouvez décider de vous défendre par vous-même, pour mieux vivre. Ce livre avec ses exercices d'hypnose est là pour faciliter votre révolte.

Je travaille depuis trente ans sur les addictions et en particulier sur les troubles du comportement alimentaire. Ce livre contient toutes les expériences, le résultat des témoignages entendus et recueillis. Si certains jours vous vous sentez fragilisés, découragés ou démotivés, relisez ce livre comme une suite d'anecdotes, de moments vécus. L'acte de manger est à la source de beaucoup de plaisirs mais il provoque aussi beaucoup de souffrances et de malentendus. Ne perdez pas confiance, j'ai vu pendant toutes ces années beaucoup de vies tourmentées par ces problèmes, mais aussi beaucoup de guérisons y compris parmi les cas les plus désespérés.

Les difficultés sont parfois si écrasantes qu'elles produisent une immobilité angoissante. Ce n'est pas votre cas puisque vous avez lu ces lignes ; c'est signe que vous êtes en mouvement. Quelque chose vous a remis en mouvement. Observez et ressentez ce mouvement. Il est l'expression même de la liberté. Maintenant que vous y avez goûté, vous n'avez plus le choix : vous irez de mieux en mieux.

Nous sommes tous tellement différents qu'il est difficile de proposer ou de décrire comment sera organisé votre nouvel espace de vie. Probablement plus de fruits et de légumes à la maison. Une certaine distance vis-à-vis de la nourriture. Moins de passion et d'obsession autour de l'absorption d'aliments. Un détachement plus facile. Une relation plus simple et plus tranquille à la nécessité de manger. Au final, certainement moins de peurs en vous. Tous les exercices proposés visent à ce seul but : réduire vos peurs pour permettre quelques vrais changements salutaires.

Dès que vous vous sentirez en difficulté, quelle qu'en soit l'origine, votre pensée, un repas d'anniversaire, une publicité, reprenez la lecture, laissez venir l'hypnose et recherchez les exercices qui sont en résonance avec vous. Il n'y a pas de stabilité dans ce domaine. C'est un équilibre au milieu de pièges et d'épreuves. Quotidiennement, tous, nous devons rétablir, sans tarder, quelques vérités. Heureusement, en Occident, nous avons un accès facile aux fruits, légumes, poissons et viandes ; nous pouvons donc faire et refaire la substitution : remplacer les produits toxiques par de vrais aliments.

Table des matières

Mode d'emploi de ce livre 11
Trouver le déclic 11
Un livre qui soigne 12
Quel est votre objectif ? Précisez votre demande . 13
L'hypnose, une méthode simple 13
Les traitements 13

Introduction : L'hypnose : le remède adapté . . 15
Comment le lien s'est établi entre l'hypnose
et les troubles du comportement alimentaire . . 15
Une école d'hypnose : un lieu d'échange 18
Le surpoids, un mal intime, social et contagieux . 20
Sortir de la rumination pour passer à l'action . . . 21
Réparer le corps pour réparer l'esprit 23

1. La demande de soins 25
Différentes demandes 25
Rédigez votre demande 28

2. Présentation de l'hypnose 31
Les étapes de l'hypnose 32
À vous de jouer 33
Un autre parallèle avec les troubles alimentaires . 35
Vos questions sur l'hypnose 37
L'hypnose va-t-elle renforcer ma volonté ? 37
Je ne vais plus aimer le sucré ? 37

Dort-on pendant l'hypnose ? 37

L'hypnose fait-elle maigrir ? 38

L'hypnose agit-elle sur l'inconscient ? 38

Je crois que je ne suis pas très influençable 38

Je ne me laisse pas aller facilement 38

Mais je ne sais pas me détendre 39

Comment l'hypnose se pratique-t-elle seul chez soi

et quels sont les exercices à faire ? 39

3. Le désordre : comment en est-on arrivé là ? . 41

Les influences familiales 42

La « iatrogénie verbale » ou le poids des mots . . 43

La façon de nourrir l'enfant 45

Les influences sociales 46

Le conditionnement : l'expérience du pigeon

et du rat 46

L'empreinte sociale 47

Les paradoxes 50

La publicité 50

La *junk food* 52

Le rôle de l'industrie alimentaire 53

Comment l'industrie alimentaire a rendu

les aliments toxiques ? 55

Des aliments morts ou dégradés 56

Un apport croissant de substances toxiques 57

Une revue de presse 62

**4. Pourquoi et comment le trouble alimentaire
   s'installe et devient chronique** 65
   La dissociation 65
   L'association pathologique. 67
   Et le désordre alimentaire devient chronique. . . 69
   Pour guérir d'un trouble ancien
   du comportement alimentaire 72

**5. Du rien de l'anorexie au tout de la boulimie,
   où est la mesure ?** 75
   Anorexie, boulimie : même combat 75
   Le témoignage de Cynthia. 77
   La chute 78
   Les sensations corporelles 79
   La remontée 80
   Le pouvoir 80
   Anorexie et dissociation 82
   L'image du corps 84
   Le cas de Julie. 85

6. Les traitements 89
   Rappel au lecteur 89
   Que faut-il manger ? 91
   La station-service ou comment se ravitailler . . . 92

**Leçon d'hypnose n° 1
Comment vous hypnotiser vous-même** ? 97
   Comment l'hypnose peut-elle vous soigner ? . . 97

Petit exercice d'autohypnose.   100

Leçon d'hypnose nº 2
L'hypnose rapide induite en trois mouvements 104

Leçon d'hypnose nº 3
L'hypnose en un mouvement, à pratiquer
avant chaque exercice   108

Fiches d'exercices pratiques   111
Fiche nº1
Pour reprendre le contrôle : passer de l'état
    second à l'état premier ou lucide   112
Fiche nº2
Comment savoir si un aliment nous convient
    ou pas ?   116
Fiche nº 3
Choisir un guide   119
Fiche nº 4
Comment ne pas entrer dans un commerce
    source de tentations ?   121
Fiche nº 5
Ne pas se peser   123
Fiche nº 6
Protégez votre territoire, éliminez les pièges . .   127
Fiche nº 7
Un petit changement significatif   129

Fiche n° 8
Accepter la réalité 133

Fiche n° 9
Se libérer des mauvaises habitudes alimentaires
ou « le renard affamé » 139

Fiche n° 10
Si vous faites des écarts,
ou comment vous remotiver. 143

Fiche n° 11
En finir avec l'obsession 147

Fiche n° 12
Apprécier les échecs, en tirer parti 151

Fiche n°13
Se réconcilier avec son corps. 155

Fiche n° 14
La connaissance scientifique peut-elle
vous aider à changer votre alimentation ? . . 160

Fiche n° 15
La science à votre secours ? 163

Fiche n°16
Pour ressentir la satiété ou Contre
le « remplissage » de l'estomac 167

Fiche n° 17
Devenir indifférente 174

Fiche n° 18
Se dégoûter du sucré, du gras 177

Fiche n° 19
La fonte des glaces 182

Fiche n° 20
Savoir dire non.   185

Fiche n° 21
La tomate vous soigne   191

Fiche n° 22
Comme un arbre de Noël   196

Fiche n° 23
Savoir jeter   198

Fiche n° 24
Faire tomber le sucré de son piédestal   202

Fiche n° 25
Se projeter dans le futur   205

Fiche n° 26
L'objectif idéal   209

Fiche n° 27
Les vrais remèdes   211

Fiche n° 28
Être bien avec le vide   215

Fiche n° 29
S'adapter à un environnement hostile   219

Fiche n° 30
Faire ses courses avec des oeillères.   223

Fiche n° 31
Résister à la tentation   225

Fiche n° 32
Améliorer ses systèmes de défense   227

Fiche n° 33
La graisse, une couche protectrice ?   229

Fiche n° 34
Supprimer un repas ou faire un dîner léger . . 232

Fiche n° 35
Les « interrupteurs » 236

Fiche n° 36
Une obsession de chocolat. 243

Fiche n° 37
Changer les étiquettes. 246

Fiche n° 38
Garder la méfiance à long terme. 248

Fiche n° 39
Rédiger des fiches mémos 250

Fiche n° 40
Le singe gourmand ou
  Sortir du piège sans effort, ni volonté 253

Fiche n° 41
Profiter d'une période de vacances, d'une cure,
  d'un séjour à l'étranger 257

Fiche n° 42
Fiche personnelle 260

Témoignages 261
  Éric 261
  Béatrice 263
  Sandrine 266

Conclusion 271